老子伯夷列傳第一　史記六十一

索隱曰列傳者謂敘列人臣事跡令可傳於後世故曰列傳

正義曰其人行跡可序列故云列傳

監本老子與伯夷同傳第一莊子與韓非同傳第三

索隱本老子伯夷傳第一老子莊子韓非同傳第三索隱云二人教迹全乖不宜同傳先賢已有成說今則不可依循宜令老子尹喜莊周同爲傳其韓非可居商君傳末

正義本老子莊子伯夷居列傳之首正義曰老子莊子開元二十三年奉勑升爲列傳首處夷齊上然漢武帝之時佛教未與道教已設道則禁惡咸致正理制禦邪人未有佛教可導故列老莊於申韓之上今既佛道齊妙興法乖流理居列傳之首也○今依正義本

老子者正義曰朱韜玉札及神仙傳云老子楚國苦縣瀨鄉曲仁里人姓李名耳字伯陽一名重耳外字聃

身長八尺八寸黃色美眉長耳大目廣額踈齒方口厚脣額有三五達理日角月懸鼻有雙柱耳有三門足蹈二五手把十文周時人李母八十一年而生又玄妙內篇云李母懷胎八十一載逍遥李樹下廼割左腋而生又云玄妙玉女夢流星入口而有娠七十二年而生老子又上元經云李母晝夜見五色珠大如彈丸自天下因吞之即有娠張君相云老子者是號非名老考也子孳也考教眾理達成聖孳乃孳生萬物善化濟物無遺也楚苦縣厲鄉曲仁里人也地理志曰苦縣屬陳國○索隱曰地理志誤也苦縣本屬陳春秋時楚滅陳而苦又屬楚故云楚苦縣至高帝十一年立淮陽國陳縣苦縣皆屬焉裴氏所引不明見苦縣在陳縣下因云苦屬陳今檢地理志苦實屬淮陽郡苦音怙○正義曰按年表云淮陽國景帝三年廢至天漢脩史之時楚節王純都彭城相近疑苦此時屬楚國故太史公書之括地志云苦縣在亳州谷陽縣界有老子宅及廟廟中有九井尚存在今亳州眞源縣也厲音賴晉太康地記云苦縣城東有瀨鄉祠老子所生地也姓李氏名耳字伯陽謚曰聃索隱曰按葛玄云李氏女所生因母姓也又云生而指李樹因以爲姓許愼云聃耳曼也故名耳字聃今作字伯陽非正

也然老子號伯陽父此傳不稱○正義曰聃耳漫無輪也神仙傳云外字曰聃按字號也疑老子耳漫無輪故世號曰聃
周守藏室之史也索隱曰按藏室史乃周藏書室之史也又張湯傳老子爲柱下史即藏室
之柱下因以爲官名○正義曰藏在浪反孔子適周將問禮於老子索隱曰大
戴記亦云然老子曰子所言者其人與骨皆已朽矣獨
其言在耳且君子得其時則駕不得其時則蓬
累而行索隱曰劉氏云蓬累猶扶持也累音六水反說者云頭戴物兩手扶之而行謂之蓬累也蓬蓋也累
隨也以言若得明君則駕車服冕不遭時則自覆蓋相携乃隨而去也○正義曰蓬沙磧上轉蓬也累轉行貌也言君子得
明主則駕車而事不遭時則若蓬轉流移而行可止則止也蓬其狀若皤蒿細葉蔓生於沙幕中風吹則根斷隨風轉移
也皤蒿江東呼爲斜蒿云吾聞之良賈深藏若虛君子盛德容
貌若愚索隱曰良賈謂善貨賣之人賈音古深藏謂隱其寶貨不令人見故云若虛而君子之人身有盛德

其容貌謙退有若愚魯之人然嵇康高士傳亦載此語文則小異云良賈深藏外形若虛君子盛德容貌若不足也去
子之驕氣與多欲態色與淫志正義曰姿態之容色與淫欲之志皆無益
於夫子須去除也是皆無益於子之身吾所以告子若是
而已孔子去謂弟子曰鳥吾知其能飛魚吾知
其能游獸吾知其能走走者可以爲罔游者可
以爲綸飛者可以爲矰至於龍吾不能知其乘
風雲而上天吾今日見老子其猶龍邪老子脩
道德其學以自隱無名爲務居周久之見周之
衰廼遂去至關正義曰抱朴子云老子西遊遇關令尹喜於散關爲喜著道德經一卷謂之老
子或以爲函谷關括地志云散關在岐州陳倉縣東南五十二里函谷關在陝州桃林縣西南十二里關令

尹喜曰子將隱矣彊爲我著書索隱曰李尤函谷關銘云尹喜要老子留作二篇而崔浩以尹喜又爲散關令是也○正義曰強其兩反爲于僞反於是老子迺著書上下篇言道德之意五千餘言而去莫知其所終列仙傳曰關令尹喜者周大夫也善內學星宿服精華隱德行仁時人莫知老子西游喜先見其氣知眞人當過候物色而迹之果得老子老子亦知其奇爲著書與老子俱之流沙之西服具勝實莫知其所終亦著書九篇名關令子○索隱曰列仙傳是劉向所記物色而迹謂視其氣物有異色而尋迹之又按列異傳老子西遊關令尹喜望見有紫氣浮關而老子果乘青牛而過也或曰老萊子亦楚人也正義曰太史公疑老子或是老萊子故書之列仙傳云老萊子楚人當時世亂逃世耕於蒙山之陽莩葭爲牆蓬蒿爲室杖木爲牀蓍艾爲席菹艾爲食墾山播種五穀楚王至門迎之遂去至於江南而止曰鳥獸之解毛可績而衣其遺粒足食也著書十五篇言道家之用與孔子同時云蓋老子百有六十餘歲或言二百餘歲索隱曰此前古好事者據外傳以老子生年至孔子時故百六十歲或言二百餘歲者即以周太史儋爲老子故二百餘歲○正義曰蓋或皆疑辭也世不的知故言蓋及或也玉清云老子以周平王時見衰於是去孔子世家云孔子問禮於老子在周景王時孔子蓋年三十也去平王十二王此傳云儋即老子也秦獻公與烈王同時去平王二十一王說者不一不可知也故葛仙公序云老子體于自然生乎大始之先起乎無因經歷天地終始不可稱載以其脩道而養壽也自孔子死之後百二十九年徐廣曰實百一十九年而史記周太史儋見秦獻公曰始秦與周合而離離五百歲而復合合七十歲而霸王者出焉索隱曰周秦二本紀並云始周與秦國合而別別五百載又合合七十歲而霸王者出然與此傳離合正反尋其意義亦並不違或曰儋即老子或曰非也世莫知其然否老子隱君子

也老子之子名宗宗爲魏將封於段干此云封於段干段干應是魏邑名也而魏世家有段干木段干子田完世家有段干朋疑此三人是姓段干也本蓋因邑爲姓左傳所謂邑亦如之是也風俗通氏姓注云姓段名干木恐或失之矣天下自別有段姓何必段干木邪宗子注索隱曰音鑄○正義曰之樹反注子宮宮玄孫假索隱曰音古雅反正義曰作瑕音霞假仕於漢孝文帝而假之子解爲膠西王卬太傅因家于齊焉世之學老子者則絀儒學索隱曰按絀音黜黜退而後之也儒學亦絀老子道不同不相爲謀豈謂是邪李耳無爲自化清靜自正索隱曰太史公因其行事於當篇之末結以此言亦是賛也又云此是昔人所評老聃之德故太史公引以記之○正義曰此都結老子之教也言無所造爲而自化清淨不撓而民自歸正也

莊子者蒙人也地理志蒙縣屬梁國○索隱曰劉向別録云宋之蒙人也○正義曰郭緣生述征記云蒙縣莊周之本邑也名周周嘗爲蒙漆園吏正義曰括地志云漆園故城在曹州宛句縣北十七里此云莊周爲漆園吏即此按其城古屬蒙縣與梁惠王齊宣王同時其學無所不闚然其要本歸於老子之言故其著書十餘萬言大抵率寓言也索隱曰大抵猶言大略其書十餘萬言率皆立主客使之相對語故云偶言又音寓寓寄也故别録云又作人姓名使相與語是寄辭於其人故莊子有寓言篇○正義曰率音律寓音遇率猶類也寓寄也作漁父盜跖胠篋索隱曰篋猶言開篋胠音袪亦有音去篋音去劫反○正義曰胠音丘魚反篋音苦頰反胠開也篋箱類也此莊子三篇名皆詆毀自古聖君賢臣孔子之徒營求名譽咸以喪身非抱素任眞之道也以詆訿孔子之徒索隱曰詆音邸訿音訾謂詆訐毀訾孔子也以明老子之術畏累虛亢桑子

之屬皆空語無事實索隱曰按莊子畏累虛篇名也即老聃弟子畏累鄒氏畏音於鬼反累音壘劉氏畏音烏罪反累路罪反郭象云今東萊也元音庚元桑子王劭本作庚桑司馬彪云庚桑楚人姓名○正義曰莊子云庚桑楚者老子弟子北居畏累之山成英云山在魯亦云在深州此篇寄庚桑楚以明至人之德衞生之經若槁木無情死灰無心禍福不至惡有人災言莊子雜篇庚桑楚已下皆空設言語無有實事也然善屬書離辭正義曰屬音燭離辭猶力折其辭句也指事類情用剽剥儒墨正義曰剽疋妙反剽猶攻擊也雖當世宿學不能自解免也其言洸洋自恣以適己索隱曰洸洋音汪羊二字又音晃養又作瀁○正義曰洋音翔已音紀故自王公大人不能器之楚威王聞莊周賢正義曰威王當周顯王三十年使使厚幣迎之許以為相莊周笑謂楚使者曰千金重利卿相尊位也子獨不見

郊祭之犧牛乎養食之數歲衣以文繡以入太廟當是之時雖欲為孤豚豈可得乎索隱曰孤小也特也願為小豚不可得○正義曰不羣也豚小豬臨宰時願為孤小豚不可得也子亟去索隱曰音棘亟猶急也無汚我索隱曰汙烏故反我寧游戲汚瀆之中自快索隱曰汚瀆音烏讀潢汚之小渠也無為有國者所羈終身不仕以快吾志焉正義曰莊子云莊子釣於濮水之上楚王使大夫往曰願以境內累莊子持竿不顧曰吾聞楚有神龜死二千歲矣巾笥藏之廟堂之上此龜寧無為留骨而貴乎寧生曳尾泥中乎大夫曰寧曳尾塗中莊子曰往矣吾將曳尾於塗中與此傳不同也

夫學者載籍極博猶考信於六藝詩書雖缺索隱曰孔子系家稱古詩三千餘篇孔子删三百五篇為詩今亡五篇又書緯稱孔子求得黃帝玄孫帝魁之書迄秦穆公凡

三千三百三十篇乃刪以一百篇爲尚書十八篇爲中候今百篇之內見亡四十二篇是詩書又有缺亡者也然虞夏之文可知也索隱曰尚書有堯典舜典大禹謨備言虞夏禪讓之事故云虞夏之文可知也堯將遜位讓於虞舜舜禹之間岳牧咸薦乃試之於位典職數十年正義曰舜禹皆典職事二十餘年然後踐帝位功用既興然後授政示天下重器索隱曰言天下者是王者之重器故莊子云天下之大器是也則大器亦謂之重器王者大統傳天下若斯之難也而說者曰堯讓天下於許由正義曰皇甫謐高士傳云許由字武仲堯聞致天下而讓焉乃退而遁於中嶽潁水之陽箕山之下隱堯又召爲九州長由不欲聞之洗耳於潁水濱時有巢父牽犢欲飲之見由洗耳問其故對曰堯欲召我爲九州長惡聞其聲是故洗耳巢父曰子若處高岸深谷人道不通誰能見子子故浮游欲聞求其名譽汙吾犢口牽犢上流飲之許由歿葬此山亦名許由山在洛州陽城縣南十三里許由不受恥之逃隱及夏之時有卞隨務光者此何以稱焉索隱曰說者謂諸子雜記也然堯讓於許由及夏時有卞隨務光等殷湯讓之天下並不受而逃事具莊周讓王篇○正義曰經史唯稱伯夷叔齊不及許由卞隨務光者不少概見何以哉故言何以稱焉爲不稱說之也

太史公曰余登箕山索隱曰蓋楊惲東方朔見其文稱余而加太史公曰也其上蓋有許由冢云孔子序列古之仁聖賢人如吳太伯伯夷之倫詳矣余以所聞由光義至高索隱曰謂太史公聞莊周說許由務光等也莊子堯讓天下於許由由遂逃箕山洗耳於潁水卞隨自投於桐水務光負石自沉於盧水是義至高其文辭不少概見何哉索隱曰按概是梗概謂略也蓋以由光義至高而詩書之文辭遂不少梗概載見何以如此哉是太史公疑於說者之言或非實也○正義曰概古代反

孔子曰伯夷叔齊不念舊惡怨是用希求仁得
仁又何怨乎余悲伯夷之意睹軼詩可異焉索隱
曰謂悲其兄弟相讓又義不食周粟而餓死睹音覩軼音逸
謂見逸詩之文即下采薇之詩是也不編入三百篇故云逸
詩也可異焉者按論語云求仁得仁又何怨乎今其詩云
我安適歸矣于嗟徂兮命之衰矣是怨詞也故云可異焉
其傳曰伯夷叔齊孤竹君之二子也索隱曰其傳
蓋韓詩外傳
及呂氏春秋也其傳云孤竹君是殷湯三月丙寅日所封相
傳至夷齊之父名初字子朝伯夷名元字公信叔齊名致字
公達解者云夷齊謚也伯仲又其長少之字地理志孤竹城
在遼西令支縣應劭云蓋伯夷之國君姓墨胎氏○正義本
前注丙寅作殷湯正月三日丙寅括地志云孤竹
古城在盧龍縣南十二里殷時諸侯孤竹國也父欲立
叔齊及父卒叔齊讓伯夷伯夷曰父命也遂逃
去叔齊亦不肯立而逃之國人立其中子於是

伯夷叔齊聞西伯昌善養老盍往歸焉索隱曰
劉氏云
盍者疑辭蓋謂其
年老歸就西伯也及至西伯卒武王載木主號為
文王東伐紂伯夷叔齊叩馬而諫曰父死不葬
爰及干戈可謂孝乎以臣弒君可謂仁乎左右
欲兵之太公曰此義人也扶而去之武王已平
殷亂天下宗周而伯夷叔齊恥之義不食周粟
隱於首陽山馬融曰首陽山在河東蒲坂華山之北河
曲之中○正義曰曹大家注幽通賦云夷
齊餓於首陽山在隴西首又戴延之西征記云洛陽東北首
陽山有夷齊祠今在偃師縣西北又孟子云夷齊避紂居北
海之濱首陽山說文云首陽山在遼西史傳及諸書夷齊餓
於首陽凡五所各有案據先後不詳莊子云伯夷叔齊西至
岐陽見周武王伐殷曰吾聞古之士遭治世不避其任遇亂
世不為苟存今天下闇周德衰其並乎周以塗吾身也不若

避之以絜吾行二子北至於首陽之山遂飢餓而死又下詩登彼西山是今清源縣首陽山在岐陽西北明即夷齊餓死處也采薇而食之索隱曰薇蕨也爾雅云蕨虌也○正義曰陸璣毛詩草木疏云薇山菜也莖葉皆似小豆蔓生其味亦如小豆藿可作羹亦可生食也及餓且死作歌其辭曰登彼西山兮采其薇矣索隱曰西山即首陽山以暴易暴兮不知其非矣索隱曰以武王之暴臣易殷紂之暴主而不自知其非矣神農虞夏忽焉沒兮我安適歸矣索隱曰犧農虞夏敦樸禪讓之道超忽久矣終沒矣今逢此君臣爭奪故我安適歸于嗟徂兮命之衰矣索隱曰于嗟嗟嘆之辭也徂者往也死也言己今日餓死亦是運命之衰薄不遇大道之時至憂而餓死遂餓死於首陽山由此觀之怨邪非邪索隱曰太史公言已觀此詩之情似是有怨邪又疑其云非是怨邪或曰天道無親常與善人若伯夷叔齊可謂善人者非邪索隱曰又自起論云若夷齊之行如此可謂善人者耶又非善人者耶亦疑也積仁絜行如此而餓死且七十子之徒仲尼獨薦顏淵為好學然回也屢空糟糠不厭索隱曰厭言飫也謂不飫飽也糟糠貧者之所食也故曰糟糠之妻是也然顏子一簞食瓢飲未見有糟糠之文而卒蚤夭天之報施善人其何如哉盜跖日殺不辜索隱曰蹠與跖同並音之石反盜跖柳下惠弟見莊子為篇名○正義曰按蹠者黃帝時大盜之名以柳下惠弟為天下大盜故世放古號之盜蹠肝人之肉索隱曰劉氏云謂取人肉為生肝非也莊子云跖方休卒太山之陽膾人肝而餔之暴戾恣睢索隱曰暴戾謂兇暴而惡戾也鄒誕生恣音資睢音千餘反劉氏恣音如字睢音休季反恣睢謂恣行為睢惡之貌也○正義曰睢仰白目怒貌也言盜蹠兇暴惡戾恣性怒白目也聚黨數千人橫行天下竟以壽終皇覽曰盜跖冢在河東大陽臨河曲直弘農華陰山潼鄉盜跖

即柳下惠弟也○索隱曰直音如字直者當也或音值非也潼音同按潼水名因爲鄉今之潼津關是亦爲縣○正義曰
括地志云盜跖冢在陝州河北縣西二十里河北縣本漢大陽縣也又今齊州平陵縣有盜跖冢未詳也是遵
何德哉索隱曰言盜跖無道橫行天下竟以壽終是其人遵行何德而致此哉此其尤大
彰明較著者也索隱曰較明也言伯夷有德而餓死盜跖暴戾而壽終是賢不遇而惡道長尤
大著明之證若至近世操行不軌專犯忌諱而終身逸
樂索隱曰謂若魯桓楚靈晉獻齊襄之比皆是富厚累世不絕或擇地
而蹈之索隱曰謂不仕暗君不飲盜泉水褁足高山之頂竄跡滄洲之濱是也○正義曰謂比郭駱鮑焦等是
也時然後出言索隱曰論語夫子時然後言行不由徑索隱曰澹臺滅明之
行非公正不發憤而遇禍災者不可勝數也索隱
曰謂人臣之節非公正之事不感激發憤或出忠言或致身命而卒遇禍災者不可勝數謂龍逢比干屈平伍胥之比

余甚惑焉儻所謂天道是耶非耶索隱曰太史公惑於不軌而逸
樂公正而遇害爲天道之非而又是耶深惑之也蓋天道玄遠聰聽暫遺或窮通數會不由行事所以行善未之福行惡
未之禍故先達皆猶昧之也○正義曰儻音他蕩反儻未定之詞也爲天道不敢的言是非故云儻也子曰
道不同不相爲謀亦各從其志也正義曰太史公引孔子之言證
前事也言天道人道不同一任其運遇亦各從其志意也故曰富貴如可求雖執
鞭之士吾亦爲之鄭玄曰富貴不可求而得之當脩德以得之若於道可求而得之者雖執
鞭賤職我亦爲之如不可求從吾所好孔安國曰所好者古人之道歲寒
然後知松栢之後凋何晏曰大寒之歲衆木皆死然後松栢少凋傷平歲衆木亦有不死
者故須歲寒然後別之喻凡人處治世亦能自修整與君子同在濁世然後知君子之正不苟容也舉世混
濁清士乃見索隱曰老子曰國家昏亂有忠臣是舉代混濁則士之清絜者乃彰見故上文歲寒

然後知松柏之後凋先爲此言張本也○正義曰言天下泯亂清絜之士不撓不苟合於盜跖也豈以其重若彼其輕若此哉索隱曰謂伯夷讓德之重若彼采薇而餓死之輕若此又一解云操行不軌富厚累代是其重若彼公正發憤而遇禍災是其輕若此也○正義曰重謂盜跖等也輕謂夷齊由光等也君子疾沒世而名不稱焉索隱曰自此已下雖論伯夷得夫子而名彰顏回附驥尾而行著蓋亦欲微見己之著撰不已亦是疾沒世而名不稱焉故引賈子貪夫殉財烈士徇名是也又引同明相照同類相求雲從龍風從虎者言物各從類以相求太史公言己亦是操行廉直而不用於代卒陷非罪與伯夷相類故寄此而發論○正義曰君子疾沒後懼名堙滅而不稱若夷齊顏回絜行立名後代稱述亦太史公欲漸見己立名著述之美也

賈子曰索隱曰賈誼也作鵩鳥賦云然故太史公引而稱之也貪夫徇財正義曰徇財迅反徇求也瓚云已身從物曰徇烈士徇名夸者死權索隱曰言貪權勢以矜夸者至死不休故云死權也眾庶馮生索隱曰馮者恃也音凭言眾庶之情蓋馮恃矜其生也雖誕生作每生每者冒也冒即貪之義○正義曰太史公引賈子鵩言作史記若貪夫徇財烈士徇名夸者死權眾庶貪生乃成其史記

同明相照索隱曰已下並繫辭云同類相求正義曰天欲雨而柱礎潤謂同德者相應雲從龍風從虎王肅曰龍舉而景雲屬虎嘯而谷風興張璠曰猶言龍從雲虎從風也聖人作而萬物覩馬融曰作起也○索隱曰又引此句者謂聖人起而居位則萬物之情皆得覩見故已今日又得著書言世情之輕重也○正義曰此有識也聖人有養生之德萬物有長養之情故相感應也此以上至同明相照是周易乾象辭也太史公引此等相感者欲見述作之意合萬物有睹也孔子殁後五百歲而已當之故作史記使萬物見覩之也太史公序傳云先人有言自周公卒五百歲而有孔子孔子卒後至於今五百歲有能紹明世正易傳繼春秋本詩書禮樂之際意在斯乎小子何敢讓焉作述六經云易著天地陰陽四時五行故長於變禮經紀人倫故長於行書記先王之事故長於政詩記山川谿谷禽獸草木牝牡雌雄故長於風樂樂所以立故長於和春秋辯是非故長於治人是故禮以節人樂以發和書以道事詩以達意易以道化春秋以道義撥亂世反之正莫近於春秋按述作而萬物睹見

伯夷叔齊雖賢得夫子而名益彰（正義曰伯夷叔齊雖有賢行得夫子稱揚而名益彰著萬物雖有生養之性得太史公作述而世事益睹見）顏淵雖篤學附驥尾而行益顯（索隱曰蒼蠅附驥尾而致千里以喻顏回因孔子而名彰）巖穴之士趨舍有時若此類名堙滅而不稱悲夫（正義曰趨音趨舍音捨趨向也捨廢也言隱處之士時有附驥尾而名曉達若堙滅不稱數者亦可悲痛）閭巷之人欲砥行立名者（正義曰砥音旨礪行脩德在鄉閭者若不託貴大之士何得封侯爵賞而名留後代也）非附青雲之士惡能施於後世哉

索隱述贊曰

天道平分　與善徒云　賢而餓死
盜且聚羣　吉凶倚伏　報施糾紛
子罕言命　得自前聞　嗟彼素士
不附青雲

老子伯夷列傳第一　史記六十一

管晏列傳第二　　史記六十二

管仲夷吾者潁上人也索隱曰潁水名地理志潁水出陽城漢有潁陽臨潁二縣今有潁上縣○正義曰韋昭云管夷姬姓之後管嚴之子敬仲也少時常與鮑叔牙游索隱曰呂氏春秋管仲與鮑叔同賈南陽及分財利而管仲嘗欺鮑叔多自取鮑叔知其有母不以爲貪鮑叔知其賢管仲貧困常欺鮑叔鮑叔終善遇之不以爲言已而鮑叔事齊公子小白管仲事公子糾及小白立爲桓公公子糾死管仲囚焉鮑叔遂進管仲正義曰齊世家云鮑叔曰君將治齊則高傒與叔牙足矣且欲霸王非管夷吾不可夷吾之居國國重不可失也桓公從之韋昭云鮑叔齊大夫姒姓之後鮑叔之子叔牙也管仲既用任政於齊正義曰管子云相齊以九惠之教一曰老老二曰慈幼三曰孤四曰疾五曰獨六曰病七曰通八曰賑九曰絕也齊桓公以霸九合諸侯一匡天下管仲之謀也管仲曰吾始困時嘗與鮑叔賈分財利正義曰賈音古多自與鮑叔不以我爲貪知我貧也吾嘗爲鮑叔謀事而更窮困鮑叔不以我爲愚知時有利不利也吾嘗三仕三見逐於君鮑叔不以我爲不肖知我不遭時也吾嘗三戰三走鮑叔不以我爲怯知我有老母也公子糾敗召忽死之吾幽囚受辱鮑叔不以我爲無恥知我不羞小節而恥功名不顯於天下也生我者父母知我者鮑子也鮑叔既進管仲以身下之子孫世祿

於齊有封邑者十餘世索隱曰世本云莊仲山產敬仲夷吾夷吾產武子鳴鳴產桓子啓方啓方產成子孺孺產莊子盧盧產悼子其夷其夷產襄子武武產景子耐涉耐涉產微凡十代常爲名大夫天下不多管仲之賢而多鮑叔能知人也管仲既任政相齊正義曰國語云齊桓公使鮑叔爲相辭曰臣之不若夷吾者五寬和惠民不若也治國家不失其柄不若也忠惠可結於百姓不若也制禮義可法於四方不若也執枹鼓立於軍門使百姓皆加勇不若也以區區之齊在海濱正義曰齊國東濱海也通貨積財富國彊兵與俗同好惡故其稱曰索隱曰是夷吾著書所稱管子者其書有此言今舉其大略倉廩實而知禮節衣食足而知榮辱上服度則六親固正義曰上之服御物有制度則六親堅固也六親謂外祖父母一父母二姊妹三妻兄弟之子四從母之子五女之子六也王弼云父母兄弟妻子也四維不張國乃滅亡管子曰四維一曰禮二曰義三曰廉四曰耻下令如流水之原令順民心故論卑而易行正義曰言爲政令卑下鮮少而百姓易作行也俗之所欲因而予之俗之所否因而去之其爲政也善因禍而爲福轉敗而爲功貴輕重索隱曰輕重謂錢也管子有輕重篇慎權衡正義曰輕重謂耻辱也權衡謂得失也有耻辱甚貴重之有得失甚戒慎之桓公實怒少姬索隱曰謂怒蕩舟歸而未絕蔡人嫁之南襲蔡管仲因而伐楚責包茅不入貢於周室桓公實北征山戎而管仲因而令燕脩召公之政於柯之會正義曰今齊州東河也桓公欲背曹沫之約索隱曰沫音妹左傳作曹劌○正義曰沫莫葛反管仲因而信之正義曰以劫許之歸魯侵地諸侯由是歸

齊故曰知與之爲取政之寶也索隱曰老子曰將欲取之必固與之是知此爲政之所寶也管仲富擬於公室有三歸反坫正義曰三歸三姓女也婦人謂嫁曰歸齊人不以爲侈管仲卒正義曰括地志云管仲冢在青州臨淄縣南二十一里牛山之阿說苑云齊桓公使管仲治國管仲對曰賤不能臨貴桓公以爲上卿而國不治曰何故管仲對曰貧不能使富桓公賜之齊市租而國不治桓公曰何故對曰疏不能制近桓公立以爲仲父齊國大安而遂霸天下孔子曰管仲之賢而不得此三權者亦不能使其君南面而稱伯齊國遵其政常彊於諸侯後百餘年而有晏子焉

晏平仲嬰者萊之夷維人也劉向別錄曰萊者今東萊地也○索隱曰名嬰平謚仲字父桓子名弱也○正義曰晏氏齊記云齊城三百里有夷安即晏平仲之邑漢爲夷安縣屬高密國應劭云故萊夷維邑事齊靈公莊公景公索隱曰世本及系本靈公名環莊公名光景公名杵臼以節儉力行重於齊既相齊食不重肉妾不衣帛其在朝君語及之即危言正義曰謂已謙讓非云功能語不及之即危行正義曰行下孟反謂君不知已增脩業行畏責及也國有道即順命無道即衡命正義曰衡秤也謂國無道則制秤量之可行即行以此三世顯名於諸侯越石父賢在縲紲中正義曰縲音力追反縲黑索也紲繫也晏子春秋云晏子之晉至中牟覩弊冠反裘負薪息於途側晏子問曰何者對曰我石父也苟免饑凍爲人臣僕晏子解左驂贖之載與俱歸按與此文小異也晏子出遭之塗解左驂贖之載歸弗謝入閨久之越石父請絕晏子戄然正義曰戄狀縛反注皇覽云晏子冢在臨淄城南菑水南桓公冢西北括地志云齊桓公墓在青州臨淄縣東南二十三里鼎足上又云齊晏嬰冢在齊子城北門外晏子云吾生近市死豈易吾志乃葬故宅後人名曰清節里按恐皇覽誤乃

攝衣冠謝曰嬰雖不仁免子於厄何子求絕之速也石父曰不然吾聞君子詘於不知己而信於知己者索隱曰信讀曰申周禮古文信皆作申 詘己謂以彼不知我故詘申方吾在縲紲中彼不知我也夫子既已感寤而贖我是知己知己而無禮固不如在縲紲之中晏子於是延入為上客晏子為齊相出其御之妻從門間而闚其夫其夫為相御擁大蓋策駟馬意氣揚揚甚自得也既而歸其妻請去夫問其故妻曰晏子長不滿六尺身相齊國名顯諸侯今者妾觀其出志念深矣常有以自下者今子長

八尺乃為人僕御然子之意自以為足妾是以求去也其後夫自抑損晏子怪而問之御以實對晏子薦以為大夫

太史公曰吾讀管氏牧民山高乘馬輕重九府劉向別錄曰九府書民間無有山高一名形勢○索隱曰皆管氏所著書篇名也按九府蓋錢之府藏其書論鑄錢之輕重故云輕重九府正義曰七略云管子十八篇在法家及晏子春秋索隱曰晏嬰所撰正義曰七略云晏子春秋七篇在儒家其書有七十篇故下云其書世多有詳哉其言之也既見其著書欲觀其行事故次其傳至其書世多有之是以不論論其軼事軼音逸正義曰仲世所謂賢臣然孔子小之豈以為周道衰微

桓公既賢而不勉之至王乃稱霸哉正義曰言管仲世所謂賢臣孔子所以小之者蓋以爲周道衰桓公賢主管仲何不勸勉輔弼至於帝王乃自稱霸主哉故孔子小之云蓋爲前疑夫子小管仲爲此語曰將順其美匡救其惡故上下能相親也正義曰言管仲相齊順百姓之美匡救國家之惡令君臣百姓相親者是管之能也豈管仲之謂乎方晏子伏莊公尸哭之成禮然後去索隱曰左傳崔杼殺莊公晏嬰入枕莊公尸股而哭之成禮而出崔杼欲殺之是也豈所謂見義不爲無勇者邪至其諫說犯君之顏此所謂進思盡忠退思補過者哉假令晏子而在余雖爲之執鞭所忻慕焉索隱曰太史公之羨慕仰企平仲之行假令晏生在世已雖與之爲僕隸爲之執鞭亦所忻慕其好賢樂善如此賢哉良史可以示人臣之炯戒也

索隱述贊曰

夷吾成霸　平仲稱賢　粟乃實廩

豆不掩肩　轉禍爲福　危言獲全

孔賴左衽　史忻執鞭　成禮而去

人望存焉

管晏列傳第二　史記六十二

申不害韓非列傳第三　史記六十三

開元二十三年勑昇老子莊子爲列傳首故申韓爲此卷

申不害者京人也索隱曰申子名不害按別錄云京今河南京縣也　正義曰按地志云京縣故城縣東南二十里鄭之京邑也故鄭之賤臣學術以干韓昭侯索隱曰術即刑名法術昭侯用爲相內脩政教外應諸侯十五年終申子之身國治兵彊無侵韓者索隱曰王劭按紀年韓昭侯之世兵冦屢交異乎此言申子之學本於黃老而主刑名著書二篇號曰申子劉向別錄曰今民間所有上下二篇中書六篇皆合二篇已備過太史公所記也　正義曰阮孝緒七畧云申子三卷也

韓非者正義曰阮孝緒七略云韓子二十卷韓世家云王安五年非使秦九年虜王安韓非云韓之諸公子也喜刑名法術之學新序曰申子之書言人主當執術無刑因循以督責臣下其責深刻故號曰術商鞅所爲書號曰法皆曰刑名故號曰刑名法術之書○索隱曰著書三十餘篇號曰韓子而其歸本於黃老索隱曰劉氏云黃老之法不尚繁華清簡無爲君臣自正韓非之論詆駮浮淫法制無私而名實相稱故曰歸於黃老斯未爲得其本旨今按韓子書有解老喻老二篇是大抵亦崇黃老之學也非爲人口吃正義曰音訖不能道說而善著書與李斯俱事荀卿正義曰孫卿子二十二卷名況趙人楚蘭陵令避漢宣帝諱改姓孫也斯自以爲不如非非見韓之削弱數以書諫韓王索隱曰韓王安也韓王不能用於是韓非疾治國不務脩明其法制執勢以御其臣下富國彊兵而以求人任賢反舉浮淫之蠹而加之於功實之上以

爲儒者用文亂法而俠者以武犯禁寬則寵名譽之人急則用介冑之士正義曰介甲也冑兜鍪也今者所養非所用索隱曰言非疾時君以祿養其臣者乃皆安祿養交之臣非勇悍忠梗及折衝禦侮之人也所用非所養索隱曰言人主臨事任用並非常所祿養之士故難可盡其死力也悲廉直不容於邪枉之臣索隱曰又非姦邪諂諛之臣不容廉直之士觀往者得失之變正義曰韓非見王安不用忠良令國消弱故觀往古有國之君則得失之變異而作韓子二十卷故作孤憤五蠹內外儲說林說難十餘萬言索隱曰此皆非所著書篇名也孤憤憤孤直不容於時也五蠹蠹政之事有五也內外儲按韓子有內外儲說篇內儲言明君執術以制臣下利之在已故曰內也外儲言明君觀聽臣下之言行以斷其賞罰賞罰在彼故曰外也儲畜二事所謂明君也說林者廣說諸事其多若林故曰說林也今韓子有說林上下二篇說難者說前人行事與已不同而詰難之故其書有說難篇然韓非知說之難爲說難書甚具終死於秦不能自脫說難曰索隱曰說音稅難音奴干反言游說之道爲難故曰說難其書詞甚高故特載之然此篇亦與韓子微異煩省小不同劉伯莊亦申其意粗釋其微文幽旨故有劉說也凡說之難非吾知之有以說之難也正義曰凡說難識情理不當人主之心恐犯逆鱗說之難知故言非吾知之有以說之乃爲難又非吾辯之難能明吾意之難也正義曰能分明吾意以說之亦又未爲難也尚非甚難又非吾敢橫失能盡之難也索隱曰韓子橫失作橫佚劉氏云吾之所言無橫無失陳辭發策能盡說情此雖是難尚非難也○正義曰橫擴孟反又非吾敢有橫失詞理能盡說己之情此雖是難尚非極難凡說之難在知所說之心可以吾說當之索隱曰劉氏云關說之難正在於此也按說之心者謂人君之心也言以人臣踈末射尊重之意貴賤隔絕旨趣難知自非高識莫近幾會故曰說之難

也乃須審明人主之意必以說合其情故云吾說當之也○正義曰前者三說並未爲難凡說之難者正在於此言深辯知前人意可以吾說當之闇與前人心會說則行乃是難矣所說出於爲名高者也而說之以厚利則見下節而遇卑賤必棄遠矣索隱曰謂所說之主中心本出欲立高名者也說臣乃陳厚利是其見下節也既不會高情故遇卑賤必棄遠矣劉氏云稽古羲黃祖述堯舜是爲名高也所說出於厚利者也而說之以名高則見無心而遠事情必不收矣索隱曰亦謂所說之君出意本規厚利而說臣乃陳名高之節則是說者無心遠於我之事情必不收用也故劉氏云若秦孝公志於彊國而商鞅說以帝王故怒而不用也所說實爲厚利而顯爲名高者也索隱曰韓子實字作陰顯者陽也謂其君實爲厚利而詐作欲爲名高之節也○正義曰前人必欲厚利詐慕名高則陽收其說實踈遠之而說之以名高則陽收其身而實踈之

若說之以厚利則陰用其言而顯棄其身索隱曰謂若下文云鄭武公陰欲伐胡而關其思極論深計雖知說當終遭顯戮也○正義曰前人好利厚詐慕名高說之以厚利則陰用說者之言而顯不收其身說士不可不察此之不可不知也夫事以密成語以泄敗未必其身泄之也而語及其所匿之事正義曰事多相類語言或說其相類之事前人覺悟便成偏泄故身危也如是者身危貴人有過端而說者明言善議以推其惡者則身危正義曰人主有過失之端緒而引美善之議以推人主之惡則身危周澤未渥也而語極知正義曰渥霑濡也人臣事君未滿周至之恩澤而說事當理事行有功君不以爲恩德故德亡說行而有功則德亡說不行而有敗則見疑如是者身危索隱曰謂人臣事上其道未合至周之恩未沾渥於下而輒吐誠極知其道說有功

則其德亦亡亡無也韓子作則見忘然見忘勝於德亡也又若說不行而有敗則見疑如是者身危是恩意未深輒評時
政不爲所信更致嫌疑若下文所云鄰人父以牆壞有盜却爲見疑即其類也○正義曰說事不行或行有敗壞則必致危
殆若此者身危也夫貴人得計而欲自以爲功說者與知
焉則身危正義曰與音預人主先得其計己功說者知前發其蹤跡身必危亡彼顯有所索隱曰謂
出事迺自以爲也故說者與知焉則身危
人主明有所出事乃自以爲功而說者與知是則以爲間故身危○正義曰人主明所出事乃以有所營爲說者預知其
計而說者身亡危彊之以其所必不爲索隱曰劉氏云若項羽必欲衣錦東歸而說者
彊述關中違旨忤情自招誅滅也○正義曰彊其兩反人主必不欲有爲而說者彊令爲之止之以其
所不能已者身危索隱曰劉氏云若漢景帝決廢栗太子而周亞夫強欲止之竟不從其言
後遂下獄也○正義曰人主己營爲而說者彊止之者身危故曰與之論大人則以

爲間己正義曰間音紀莧反說彼大人之短以爲竊己之事情乃爲刺譏間之與之論細
人則以爲鬻權索隱曰韓子鬻權作賣重謂薦彼細微之人言堪大用則疑其挾詐而賣我之
權○正義曰鬻音育劉伯莊云論則疑其挾詐賣己之權論其所愛則以爲借資
正義曰說人主愛行人主以爲借己之資籍也論其所憎則以爲嘗己正義曰論
說人主所憎惡人主則以爲嘗試於己也徑省其辭則不知而屈之索隱曰謂
人主意在文華而說者但徑捷省略其辭則以說者爲無知而見屈辱也○正義省山景反汎濫博文
則多而久之索隱曰謂人主志在簡要而說者務於浮辭汎濫博涉文華則君上嫌其多迂誕文而無
當○正義曰汎濫浮辭也博聞廣言句也言浮說廣陳必多詞理時乃永久人主疲倦順事陳意則
曰怯懦而不盡正義曰懦音乃亂反說者陳言順人主之意則或怯懦而不盡事情也慮
事廣肆則曰草野而倨侮正義曰草野猶鄙陋也廣陳言詞多有鄙陋乃成倨

傲侮慢此說之難不可不知也凡說之務在知飾所說之所敬而滅其所醜索隱曰所說謂所說之主也飾其所敬者說士當知人主之所敬而時以文飾之滅其所醜謂人主有所避諱而醜之遊說者當滅其事端而不言也彼自知其計則無以其失窮之正義曰前人自知其失誤說士無以失誤窮極之乃爲訕上也自勇其斷則無以其敵怒之索隱曰謂人主自勇其斷說士無以己意而攻間之是以卑下之謀自敵於上以致譴怒也○正義曰斷音端亂反劉伯莊云貴人斷甲爲是說者以乙破之乙之理難同怒以下敵上也自多其力則無以其難概之索隱曰概猶格也劉氏云秦昭王決欲攻趙白起苦說其難遂己之心拒格君上故致杜郵之僇○正義概古代反規異事與同計譽異人與同行者則以飾之無傷也正義曰劉伯莊云貴人與甲同計與乙同行者說士陳言無傷甲乙也有與同失者則明飾其無失也索隱曰按上文言人主規事譽人與人同計同行今說者之詞不得傷於同計同行之人仍可文飾其類也又若人主與同失者而說者則可明飾其無失也○正義曰人主與甲同失說者文飾甲之無失大忠無所拂辭索隱曰拂音佛大忠志在匡君於善君初不從則且退上待君之悅而又幾諫即不拂捂於君也悟言無所擊排索隱曰謂大忠說諫之詞本欲歸於安人興化亦無別有所擊射排擯按韓子作擊摩廼後申其辯知焉此所以親近不疑正義曰拂捂當爲咈忤古字假借耳咈違也忤逆也言大忠之事擬安民興化事在匡弼君初亦不擊排乃後周澤霑洽霑濡君臣道合乃敢辯智說焉此所以親近而不見疑是知盡之難知盡之難也徐廣曰知一作得難一作辭○索隱曰謂人臣盡知事上之道難也韓子作得盡之辭○正義曰言說士知談說之難也爲能盡此談說之道得當人主之心君臣相合乃是知盡之難也得曠日彌久而周澤既渥索隱曰謂君臣道合曠日已久誠著於君也君之渥澤周浹於臣魚水相須鹽梅相和也深計而不疑

交爭而不罪廼明計利害以致其功直指是非以飾其身以此相持此說之成也正義曰夫知盡之難則君臣道合故得曠日彌久而周澤既渥深計而君不疑與君交爭而不罪而得明計國之利害以致其功直指是非任爵祿於身以此君臣相執持此說之成也伊尹為庖正義曰殷本紀云乃為有莘氏媵臣負鼎俎以滋味說湯致王道是也百里奚為虜正義曰晉世家云虜虞公及大夫百里奚以媵秦穆姬也皆所由干其上也故此二子者皆聖人也猶不能無役身而涉世如此其汙也正義曰汙音烏故反庖虜是汙則非能仕之所設也索隱曰韓子作能仕之所恥也宋有富人天雨牆壞其子曰不築且有盜其鄰人之父亦云暮而果大亡其財其家甚知其子而疑鄰人之父正義曰其子隣父說皆當矣而切見疑非處知則難乎昔者鄭武公欲伐胡正義曰世本云胡歸姓也括地志云胡城在豫州郾城縣界廼以其子妻之因問羣臣曰吾欲用兵誰可伐者關其思曰胡可伐廼戮關其思曰胡兄弟之國也子言伐之何也胡君聞之以鄭為親己而不備鄭鄭人襲胡取之此二說者其知皆當矣正義當當浪反然而甚者為戮薄者見疑非知之難也處知則難矣昔者彌子瑕見愛於衛君衛國之法竊駕君車者罪至刖既而彌子之母病人聞往夜告之彌子矯駕君車而出君聞之而賢之曰孝哉為母之故而犯刖

罪與君游果園彌子食桃而甘不盡而奉君君曰愛我哉忘其口而念我及彌子色衰而愛弛得罪於君君曰是嘗矯駕吾車又嘗食我以其餘桃故彌子之行未變於初也前見賢而後獲罪者愛憎之至變也故有愛於主則知當而加親見憎於主則罪當而加疏故諫說之士不可不察愛憎之主而後說之矣夫龍之為蟲也正義曰龍虫類也故言龍之為虫可擾狎而騎也然其喉下有逆鱗徑尺人有嬰之則必殺人人主亦有逆鱗說之者能無嬰人主之逆鱗則幾矣索隱曰幾庶也謂庶幾於善諫說○

正義曰說者能不犯人主逆鱗則庶幾矣人或傳其書至秦秦王見孤憤五蠹之書曰嗟乎寡人得見此人與之游死不恨矣李斯曰此韓非之所著書也秦因急攻韓韓王始不用非及急廼遣非使秦秦王悅之未信用李斯姚賈害之毀之曰韓非韓之諸公子也今王欲并諸侯非終為韓不為秦此人之情也今王不用久留而歸之此自遺患也不如以過法誅之秦王以為然下吏治非李斯使人遺非藥使自殺韓非欲自陳不得見秦王後悔之使人赦之非已死矣戰國策曰秦王封姚賈千戶以為上卿韓非短之曰賈梁監門

子盜於梁臣於趙而逐取世監門子梁大盜趙逐臣與同社稷之計非所以勵羣臣也王召賈問之賈荅云云迺誅韓非也

申子韓子皆著書傳于後世學者多有余獨悲韓子爲說難而不能自脫耳

太史公曰老子所貴道虛無因應變化於無爲故著書辭稱微妙難識莊子散道德放論要亦歸之自然申子卑卑自勉勵之意也施之於名實韓子引繩墨切事情明是非其極慘礉胡革反用法慘急而鞫礉深刻少恩皆原於道德之意而老子深遠矣

索隱述贊曰

伯陽立教　清淨無爲　道尊東魯

迹竄西垂　莊蒙栩栩　申害卑卑

刑名有術　說難極知　悲彼周防

終亡李斯

申不害韓非列傳第三　史記六十三

司馬穰苴列傳第四　史記六十四

司馬穰苴者田完之苗裔也 索隱曰穰苴田氏之族爲大司馬故曰司馬穰苴也○正義曰穰音若羊反苴音子徐反田穰苴爲司馬官主兵 齊景公時晉伐阿甄而燕侵河上 索隱曰阿甄皆齊邑晉太康地記曰阿即東阿也地理志云甄城縣屬濟陰○正義曰河上黃河南岸地即滄德二州北界 齊師敗績景公患之晏嬰乃薦田穰苴曰穰苴雖田氏庶孽然其人文能附衆武能威敵願君試之景公召穰苴與語兵事大說之以爲將軍 索隱曰謂命之爲將以將軍也將音即匠反遂以將軍爲官名故尸子曰十萬之師無將軍則亂六國時有此官 將兵扞燕晉之師穰苴曰臣素卑賤君擢之閭伍之中加之大夫之上士卒未

附百姓不信人微權輕願得君之寵臣國之所尊以監軍乃可於是景公許之使莊賈往穰苴既辭與莊賈約曰旦日日中會於軍門 索隱曰按旦日謂明日日中時期會於軍門 穰苴先馳至軍立表下漏待賈 索隱曰立表謂立木爲表以視日景下漏謂下漏漏以知刻數也 賈素驕貴以爲將己之軍而已爲監不甚急 正義已音紀監甲暫反 親戚左右送之留飲日中而賈不至穰苴則仆表決漏 索隱曰仆音赴仆者臥其表也決漏謂決去壺中漏水以賈失期過日中故也 入行軍勒兵申明約束約束既定夕時莊賈乃至穰苴曰何後期爲賈謝曰不佞大夫親戚送之故留穰苴曰將受命

旣見穰苴尊爲大司馬田氏日以益尊於齊已而大夫鮑氏高國之屬害之譖於景公景公退穰苴苴發疾而死田乞田豹之徒由此怨高國等索隱曰田乞田僖子豹亦僖子之族也其後及田常殺簡公盡滅高子國子之族至常曾孫和因自立爲齊威王索隱曰此文誤也當云田和自立至其孫因號爲齊威王故世家云田和自立號太公其孫號威王也用兵行威大放穰苴之法正義放方往反而諸侯朝齊齊威王使大夫追論古者司馬兵法而附穰苴於其中因號曰司馬穰苴兵法

太史公曰余讀司馬兵法閎廓深遠雖三代征伐未能竟其義如其文也亦少褒矣索隱曰謂司馬法說行兵揖讓有三代之法而齊區區小國又當戰國之時故云少褒若夫穰苴區區爲小國行師何暇及司馬兵法之揖讓乎世旣多司馬兵法以故不論著穰苴之列傳焉

索隱述贊曰

燕侵河上　齊師敗績　嬰薦穰苴
武能威敵　斬賈以徇　三軍驚惕
我卒旣彊　彼寇退壁　法行司馬
實賴宗戚

司馬穰苴列傳第四　史記六十四

孫子吳起列傳第五　史記六十五

孫子武者齊人也正義曰魏武帝云孫子者齊人事於吳王闔閭爲吳將作兵法十三篇以兵法見於吳王闔廬闔廬曰子之十三篇正義曰七録云孫子兵法三卷案十三篇爲上卷又有中下二卷吾盡觀之矣可以小試勒兵乎對曰可闔廬曰可試以婦人乎曰可於是許之出宮中美女得百八十人孫子分爲二隊以王之寵姬二人各爲隊長索隱曰隊徒對反長竹兩反皆令持戟令之曰汝知而心與左右手背乎婦人曰知之孫子曰前則視心左視左手右視右手後即視背婦人曰諾約束既布乃設鈇鉞即

三令五申之於是鼓之右婦人大笑孫子曰約束不明申令不熟將之罪也復三令五申而鼓之左婦人復大笑孫子曰約束不明申令不熟將之罪也既已明而不如法者吏士之罪也乃欲斬左右隊長吳王從臺上觀見且斬愛姬大駭趣使使下令索隱曰趣音促急也使音色吏反曰寡人已知將軍能用兵矣寡人非此二姬食不甘味願勿斬也孫子曰臣既已受命爲將將在軍君命有所不受遂斬隊長二人以徇用其次爲隊長於是復鼓之婦人左右前後跪起皆中規矩繩墨無

敢出聲於是孫子使使報王曰兵既整齊王可試下觀之唯王所欲用之雖赴水火猶可也吳王曰將軍罷休就舍寡人不願下觀孫子曰王徒好其言不能用其實於是闔廬知孫子能用兵卒以爲將西破彊楚入郢北威齊晉顯名諸侯孫子與有力焉孫武既死越絕書曰吳縣巫門外大冢孫武冢也去縣十里○索隱曰越絕書子貢所著恐非也其書多記吳越亡後土地或後人所錄○正義曰七錄云越絕十六卷或云伍子胥撰後百餘歲有孫臏臏生阿鄄之閒臏亦孫武之後世子孫也孫臏嘗與龐涓俱學兵法索隱曰臏頻忍反龐皮江反涓古玄反龐涓既事魏得爲惠王將軍而自以爲能不及孫臏乃陰使召孫臏臏至龐涓恐其賢於己疾之則以法刑斷其兩足而黥之欲隱勿見齊使者如梁正義曰今汴州孫臏以刑徒陰見說齊使齊使以爲奇竊載與之齊齊將田忌善而客待之忌數與齊諸公子馳逐重射孫子見其馬足不甚相遠馬有上中下輩於是孫子謂田忌曰君弟重射索隱曰弟且也重射好射也臣能令君勝田忌信然之與王及諸公子逐射千金正義曰射音石隨逐而射賭千金及臨質索隱曰質猶對也將欲對射之時也一云質謂堋非也孫子曰今以君之下駟與彼上駟取君上駟與彼中駟取君

中駟與彼下駟既馳三輩畢而田忌一不勝而再勝卒得王千金於是忌進孫子於威王威王問兵法遂以爲師其後魏伐趙趙急請救於齊齊威王欲將孫臏臏辭謝曰刑餘之人不可於是乃以田忌爲將而孫子爲師居輜車中坐爲計謀田忌欲引兵之趙孫子曰夫解雜亂紛糾者不控捲 索隱曰謂事之雜亂紛糾也解雜亂紛糾者當善以手解之不可控捲而擊之捲即拳也劉氏云控總捲縮非也 救鬬者不搏撠 索隱曰音搏戟謂救鬬者當善搗解之無以手助相搏撠則其怒益熾矣按撠謂以手持撠刺人也 批亢擣虛 索隱曰批音白結反亢音苦浪反按批者相排批也音白滅反言敵人相亢拒也擣者擊也衝也虛者空也按謂前人相亢必須批之彼兵若虛則衝擣之欲令擊梁之虛也此當是舊語故孫子以言之也 形格勢禁則自爲解耳 索隱曰謂若批其相亢擊擣彼虛則是事形相格而其勢自禁止則彼自爲解兵也 今梁趙相攻輕兵銳卒必竭於外老弱罷於內君不若引兵疾走大梁據其街路衝其方虛彼必釋趙而自救是我一舉解趙之圍而收獘於魏也 索隱曰謂齊今引兵據大梁之衝是衝其方虛之時梁必釋趙而自救是一舉釋趙而獘魏 田忌從之魏果去邯鄲與齊戰於桂陵大破梁軍後十五年 索隱曰王劭按紀年梁惠王十七年齊田忌敗梁桂陵至二十七年十二月齊田盼敗梁馬陵計相去無十五歲也 魏與趙攻韓韓告急於齊齊使田忌將而往直走大梁魏將龐涓聞之去韓而歸齊軍既已過而西矣孫子謂田

忌曰彼三晉之兵素悍勇而輕齊齊號爲怯善戰者因其勢而利導之兵法百里而趣利者蹶上將（魏武帝曰蹶猶挫也○索隱曰蹶音巨月反劉氏云蹶猶斃）五十里而趣利者軍半至使齊軍入魏地爲十萬竈明日爲五萬竈又明日爲三萬竈龐涓行三日大喜曰我固知齊軍怯入吾地三日士卒亡者過半矣乃棄其步軍與其輕銳倍日并行逐之孫子度其行暮當至馬陵馬陵道陝而旁多阻隘可伏兵乃斫大樹白而書之曰龐涓死于此樹之下於是令齊軍善射者萬弩夾道而伏期曰暮見火舉而俱發龐涓果夜至斫木下見白書乃鑽火燭之讀其書未畢齊軍萬弩俱發魏軍大亂相失龐涓自知智窮兵敗乃自剄曰遂成豎子之名（索隱曰豎子謂臏）齊因乘勝盡破其軍虜魏太子申以歸孫臏以此名顯天下世傳其兵法

吳起者衛人也好用兵嘗學於曾子事魯君齊人攻魯魯欲將吳起吳起取齊女爲妻而魯疑之吳起於是欲就名遂殺其妻以明不與齊也魯卒以爲將將而攻齊大破之魯人或惡吳起曰起之爲人猜忍人也其少時家累千金游仕

不遂遂破其家鄉黨笑之吳起殺其謗己者三十餘人而東出衛郭門與其母訣齧臂而盟曰起不為卿相不復入衛遂事曾子居頃之其母死起終不歸曾子薄之而與起絕起乃之魯學兵法以事魯君魯君疑之起殺妻以求將夫魯小國而有戰勝之名則諸侯圖魯矣且魯衛兄弟之國也而君用起則是棄衛魯君疑之謝吳起吳起於是聞魏文侯賢欲事之文侯問李克曰吳起何如人哉李克曰起貪而好色索隱曰王劭云此李克言吳起貪下文云魏文侯知起廉盡能得士心又公叔之僕稱起為人節廉豈前貪而後廉何言之相反也今李克言

起貪者起本家累千金破產求仕非實貪也蓋言貪者是貪榮名耳故母死不赴殺妻將魯是也或者起未委質於魏猶有貪迹及其見用則盡廉能亦何異乎陳平之為人也然用兵司馬穰苴不能過也於是魏文侯以為將擊秦拔五城起之為將與士卒最下者同衣食臥不設席行不騎乘親裹贏糧與士卒分勞苦卒有病疽者起為吮之索隱曰吮音弋軟反又才軟反卒母聞而哭之人曰子卒也而將軍自吮其疽何哭為母曰非然也往年吳公吮其父其父戰不旋踵遂死於敵吳公今又吮其子妾不知其死所矣是以哭之文侯以吳起善用兵廉平盡能得士心乃以為西河守以拒

秦韓魏文矦既卒起事其子武矦武矦浮西河而下中流顧而謂吳起曰美哉乎山河之固此魏國之寶也起對曰在德不在險昔三苗氏左洞庭右彭蠡德義不脩禹滅之夏桀之居左河濟右泰華伊闕在其南羊腸在其北瓚曰今河南城爲直之皇甫謐曰壺關有羊腸阪在太原晉陽西北九十里脩政不仁湯放之殷紂之國左孟門索隱曰劉氏按紂都朝歌今孟山在其西今言左則東邊別有孟門也右太行常山在其北大河經其南脩政不德武王殺之由此觀之在德不在險若君不脩德舟中之人盡爲敵國也揚子法言曰美哉言乎使起之用兵每若斯則太公何以加諸武矦曰善

即封吳起爲西河守甚有聲名魏置相相田文索隱曰呂氏春秋作商文吳起不悅謂田文曰請與子論功可乎田文曰可起曰將三軍使士卒樂死敵國不敢謀子孰與起文曰不如子起曰治百官親萬民實府庫子孰與起文曰不如子起曰守西河而秦兵不敢東鄉韓趙賓從子孰與起文曰不如子起曰此子三者皆出吾下而位加吾上何也文曰主少國疑大臣未附百姓不信方是之時屬之於子乎屬之於我乎起默然良久曰屬之子矣文曰此乃吾所以居子之上也吳起乃

自知弗如田文田文既死公叔爲相[索隱曰韓之公族]尚魏公主而害吳起公叔之僕曰起易去也公叔曰奈何其僕曰吳起爲人節廉而自喜名也君因先與武侯言曰夫吳起賢人也而侯之國小又與彊秦壤界臣竊恐起之無留心也武侯即曰奈何君因謂武侯曰試延以公主起有留心則必受之無留心則必辭矣以此卜之君因召吳起而與歸即令公主怒而輕君吳起見公主之賤君也則必辭於是吳起見公主之賤魏相果辭魏武侯武侯疑之而弗信也吳起懼得罪遂去即之楚楚悼王素聞起賢至則相楚明法審令捐不急之官廢公族疏遠者以撫養戰鬬之士要在彊兵破馳說之言從横者於是南平百越北并陳蔡却三晉西伐秦諸侯患楚之彊故楚之貴戚盡欲害吳起及悼王死宗室大臣作亂而攻吳起吳起走之王尸而伏之擊起之徒因射刺吳起并中悼王[索隱曰楚系家悼王名疑]悼王既葬太子立[索隱曰肅王臧也]乃使令尹盡誅射吳起而并中王尸者坐射起而夷宗死者七十餘家

太史公曰世俗所稱師旅皆道孫子十三篇吳

起兵法世多有故弗論論其行事所施設者語曰能行之者未必能言能言之者未必能行孫子籌策龐涓明矣然不能蚤救患於被刑吳起說武侯以形勢不如德然行之於楚以刻暴少恩亡其軀悲夫

索隱述贊曰

孫子兵法　一十三篇　美人既斬
良將得焉　刖孫臏脚　籌策龐涓
吳起相魏　西河稱賢　慘礉事楚
死後留權

孫子吳起列傳第五　史記六十五

伍子胥列傳第六　史記六十六

伍子胥者楚人也名員員父曰伍奢員兄曰伍尚其先曰伍舉以直諫事楚莊王（索隱曰舉直諫見左氏楚世家）有顯故其後世有名於楚楚平王有太子名曰建使伍奢爲太傅費無忌爲少傅（索隱曰左氏作費無極）無忌不忠於太子建平王使無忌爲太子取婦於秦秦女好無忌馳歸報平王曰秦女絶美王可自取而更爲太子取婦平王遂自取秦女而絶愛幸之生子軫更爲太子取婦無忌既以秦女自媚於平王因去太子而事平王恐一旦平王

卒而太子立殺己乃因讒太子建建母蔡女也無寵於平王平王稍益疏建使建守城父（地理志潁川有城父縣○索隱曰城父本陳邑楚伐陳而有之）備邊兵頃之無忌又日夜言太子短於王曰太子以秦女之故不能無怨望願王少自備也自太子居城父將兵外交諸侯且欲入爲亂矣平王乃召其太傅伍奢考問之伍奢知無忌讒太子於平王因曰王獨奈何以讒賊小臣疏骨肉之親乎無忌曰王今不制其事成矣王且見禽於是平王怒囚伍奢而使城父司馬奮揚往殺太子（索隱曰奮揚城父司馬之姓名也）行未至

奮揚使人先告太子太子急去不然將誅太子建亡奔宋無忌言於平王曰伍奢有二子皆賢不誅且爲楚憂可以其父質而召之不然且爲楚患王使使謂伍奢曰能致汝二子則生不能則死伍奢曰尚爲人仁呼必來員爲人剛戾忍詢音火候反索隱曰鄒氏作詬詬罵也音逅能成大事彼見來之并禽其勢必不來王不聽使人召二子曰來吾生汝父不來今殺奢也伍尚欲往員曰楚之召我兄弟非欲以生我父也恐有脫者後生患故以父爲質詐召二子二子到則父子俱死何益父之

死往而令讎不得報耳不如奔他國借力以雪父之耻俱滅無爲也伍尚曰我知往終不能全父命然恨父召我以求生而不往後不能雪耻終爲天下笑耳謂員可去矣汝能報殺父之讎我將歸死尚既就執使者捕伍胥伍胥貫烏還反弓執矢嚮使者索隱曰劉氏貫音彎又音古患反謂滿張弓使者不敢進伍胥遂亡聞太子建之在宋往從之奢聞子胥之亡也曰楚國君臣且苦兵矣伍尚至楚楚并殺奢與尚也伍胥既至宋宋有華氏之亂索隱曰春秋昭二十年宋華亥向寧華定與君爭而出奔是也乃與太子建俱奔於鄭

鄭人甚善之太子建又適晉晉頃公曰太子既
善鄭鄭信太子太子能為我內應而我攻其外
滅鄭必矣滅鄭而封太子太子乃還鄭事未會
會自私欲殺其從者從者知其謀乃告之於鄭
鄭定公　與子產誅殺太子建建有子名勝伍
胥懼乃與勝俱奔吳到昭關索隱曰其關在西江乃吳楚之境昭
關欲執之伍胥遂與勝獨身步走幾不得脫追
者在後至江江上有一漁父乘船知伍胥之急
乃渡伍胥伍胥既渡解其劍曰此劍直百金以
與父父曰楚國之法得伍胥者賜粟五萬石爵

執珪豈徒百金劍邪不受伍胥未至吳而疾止
中道乞食張勃曰子胥乞食處在丹陽溧陽縣○索隱曰張勃晉人吳鴻臚儼之子作吳錄故裴氏注引
之溧音栗水名也至於吳吳王僚方用事公子光為將伍
胥乃因公子光以求見吳王久之楚平王以其
邊邑鍾離與吳邊邑卑梁氏俱蠶兩女子爭桑
相攻乃大怒至於兩國舉兵相伐吳使公子光
伐楚拔其鍾離居巢而歸索隱曰二邑楚縣也鍾離在六安古鍾離子之國世
本謂之終犂言嬴姓之國居巢亦國也桀奔南巢其國蓋遠尚書序巢伯來朝蓋因居之於淮南楚地伍子胥
說吳王僚曰楚可破也願復遣公子光公子光
謂吳王曰彼伍胥父兄為戮於楚而勸王伐楚

者欲以自報其讎耳伐楚未可破也伍胥知公
子光有內志欲殺王而自立未可說以外事乃
進專諸於公子光 索隱曰左傳謂專設諸 退而與太子建之
子勝耕於野五年而楚平王卒初平王所奪太
子建秦女生子軫及平王卒軫竟立爲後是爲
昭王吳王僚因楚喪使二公子將兵往襲楚楚
發兵絕吳兵之後不得歸吳國內空而公子光
乃令專諸襲刺吳王僚而自立是爲吳王闔廬
闔廬既立得志乃召伍員以爲行人而與謀國
事楚誅其大臣郤宛伯州犂伯州犂之孫伯嚭

亡奔吳 徐廣曰伯州犂者晉伯宗之子也伯州犂之子曰郤宛郤宛之子曰伯嚭宛亦姓伯又別氏郤楚世家云殺郤宛宛之宗姓伯氏子曰嚭吳世家云楚誅伯州犂其孫伯嚭奔吳也 吳亦以嚭爲大
夫前王僚所遣二公子將兵伐楚者道絕不得
歸 索隱曰公子燭庸及蓋餘也 後聞闔廬弒王僚自立遂以
其兵降楚楚封之於舒闔廬立三年乃興師與
伍胥伯嚭伐楚拔舒遂禽故吳反二將軍因欲
至郢將軍孫武曰民勞未可且待之乃歸四年
吳伐楚取六與潛 六古國皋陶之後所封潛縣有天柱山 五年伐越
敗之六年楚昭王使公子囊瓦 案左傳楚公子貞字子囊其孫名瓦字子常此言公子又兼稱囊瓦誤也 將兵伐吳吳使伍員迎擊大破

楚軍於豫章〔豫章在江南○索隱曰按杜預云昔豫章在江北蓋後徙之於江南也〕取楚之居巢九年吳王闔廬謂子胥孫武曰始子言郢未可入今果何如二子對曰楚將囊瓦貪而唐蔡皆怨之王必欲大伐之必先得唐蔡乃可闔廬聽之悉興師與唐蔡伐楚與楚夾漢水而陳吳王之弟夫概將兵請從〔索隱曰概音古賚反〕王不聽遂以其屬五千人擊楚將子常〔子常公孫瓦〕子常敗走奔鄭於是吳乘勝而前五戰遂至郢〔郢楚都○索隱曰郢音以正反又以井反〕己卯楚昭王出奔庚辰吳王入郢昭王出亡入雲夢盜擊王王走鄖〔音云國名○索隱曰走音奏走向也鄖古之鄖國〕

鄖公弟懷曰平王殺我父我殺其子不亦可乎鄖公恐其弟殺王與王奔隨〔正義曰今有楚昭王故城昭王奔隨之處宮之北城即是〕吳兵圍隨謂隨人曰周之子孫在漢川者楚盡滅之隨人欲殺王王子綦匿王已自為王以當之隨人卜與王於吳不吉乃謝吳不與王始伍員與申包胥為交員之亡也謂包胥曰我必覆楚包胥曰我必存之及吳兵入郢伍子胥求昭王既不得乃掘楚平王墓出其尸鞭之三百然後已申包胥亡於山中使人謂子胥曰子之報讎其以甚乎吾聞之人衆者勝天天定亦

能破人（正義曰申包胥言聞人衆者雖一時凶暴勝天及天降其凶亦破於彊暴之人）今子故平王之臣親北面而事之今至於僇死人此豈其無天道之極乎伍子胥曰為我謝申包胥曰吾日暮塗遠吾故倒行而逆施之（索隱曰倒音丁老反施如字子胥言志在復讎常恐且死不遂本心今幸而報豈論道理乎譬如人行前途尚遠而日勢已暮故其在顛倒疾行逆理施事何得責吾順理乎）於是申包胥走秦告急求救於秦秦不許包胥立於秦廷晝夜哭七日七夜不絕其聲秦哀公憐之曰楚雖無道有臣若是可無存乎乃遣車五百乘救楚擊吳六月敗吳兵於稷（稷地名在郊外○索隱曰左傳作稷丘）會吳王久留楚求昭王而闔廬弟夫概乃亡歸自立為王闔廬聞之乃釋楚而歸擊其弟夫概夫概敗走遂奔楚楚昭王見吳有內亂乃復入郢封夫概於堂谿（徐廣曰在汝南有吳房縣○駰案地理志汝南吳房縣應劭曰夫概奔楚封於堂谿本房子國以封吳故曰吳房然則不得在淮縣也○正義曰安今豫州吳縣在州西北九十里）為堂谿氏楚復與吳戰敗吳吳王乃歸後二歲闔廬使太子夫差將兵伐楚取番（音普寒反又音婆○索隱曰蓋鄱陽也）楚懼吳復大來乃去郢徙於鄀（楚地音若○索隱曰今闕）當是時吳以伍子胥孫武之謀西破彊楚北威齊晉南服越人其後四年孔子相魯後五年伐越越王勾踐迎擊敗吳於姑蘇傷闔廬

指（正義曰姑蘇當作檇李乃文誤也左傳云戰檇李傷將指卒於陘是也解在吳世家）軍卻闔廬
病創（楚良反）將死謂太子夫差曰爾忘勾踐殺爾
父乎夫差對曰不敢忘是夕闔廬死夫差既立
爲王以伯嚭爲太宰習戰射二年後伐越敗越
於夫湫（音椒○索隱曰又如字○正義曰太湖中椒山也解在吳世家）越王勾踐乃
以餘兵五千人棲於會稽之上（正義曰上地名在越州會稽縣東南十二里）
使大夫種厚幣遺吳（索隱曰劉氏云大夫姓種名非也按今吳有文種碑則種姓文爲大夫官也○正義曰高誘云大夫種姓文氏字子禽楚之郢人）太宰嚭以請和求
委國爲臣妾吳王將許之伍子胥諫曰越王爲
人能辛苦今王不滅後必悔之吳王不聽用太
宰嚭計與越平其後五年而吳王聞齊景公死
而大臣爭寵新君弱乃興師北伐齊伍子胥諫
曰勾踐食不重味弔死問疾且欲有所用之也
此人不死必爲吳患今吳之有越猶人之有腹
心疾也而王不先越而乃務齊不亦謬乎吳王
不聽伐齊大敗齊師於艾陵（正義曰括地志云艾山在兗州博城縣南百六十里本齊博邑）
遂威鄒魯之君以歸（正義曰鄒君居兗州鄒縣魯曲阜縣）益
疏子胥之謀其後四年吳王將北伐齊越王勾
踐用子貢之謀乃率其衆以助吳而重寶以獻
遺太宰嚭太宰嚭既數受越賂其愛信越殊甚

日夜為言於吳王吳王信用嚭之計伍子胥諫曰夫越腹心之病今信其浮辭詐偽而貪齊破齊譬猶石田無所用之且盤庚之誥曰有顛越不恭劓殄滅之俾無遺育無使易種于茲邑此商之所以興願王釋齊而先越若不然後將悔之無及而吳王不聽使子胥於齊子胥臨行謂其子曰吾數諫王王不用吾今見吳之亡矣汝與吳俱亡無益也乃屬其子於齊鮑牧而還報吳吳太宰嚭既與子胥有隙因讒曰子胥為人剛暴少恩猜賊其怨望恐為深禍也前日王欲伐齊子胥以為不可王卒伐之而有大功子胥恥其計謀不用乃反怨望而今王又復伐齊子胥專愎彊諫（索隱曰愎音皮逼反）沮毀用事（沮音自呂反）徒幸吳之敗以自勝其計謀耳今王自行悉國中武力以伐齊而子胥諫不用因輟謝詳病不行王不可不備此起禍不難且嚭使人微伺之其使於齊也乃屬其子於齊之鮑氏夫為人臣內不得意外倚諸侯自以為先王之謀臣今不見用常鞅鞅怨望願王早圖之吳王曰微子之言吾亦疑之乃使使賜伍子胥屬鏤之劍（鏤錄于反）曰子

以此死伍子胥仰天歎曰嗟乎讒臣嚭為亂矣王乃反誅我我令若父霸自若未立時諸公子爭立我以死爭之於先王幾不得立正義曰幾音祈若既得立欲分吳國予我我顧不敢望也然今若聽諛臣言以殺長者乃告其舍人曰必樹吾墓上以梓令可以為器正義曰器謂棺也以吳必亡也左傳云樹吾墓檟檟可材也吳其亡乎而抉吾眼索隱曰抉音烏穴反抉亦決也縣吳東門之上正義曰東門鱔門謂鮮門也今名葑門鱔音普姑反鮮音覆浮反越軍開示浦子胥濤湯湓羅城開此門有鱔鮮隨濤入故以名門額野王云鱔魚一名江豚欲風則涌也以觀越寇之入滅吳也乃自剄死吳王聞之大怒乃取子胥尸盛以鴟夷革應劭曰取馬革為鴟夷鴟夷榼形○正義曰盛音成榼音古曷反浮之江中徐廣曰魯哀公十一年○正義曰案年表云吳王夫差十一年也吳人憐之為立祠於江上正義曰吳地記曰越軍於蘇州東南三十里三江口又向下三里臨江北岸立壇殺白馬祭子胥杯動酒盡後因立廟於此江上今其側有浦名上壇浦至晉會稽太守麋豹移廟吳郭東門內道南今廟見在因命曰胥山張晏曰胥山在大湖邊去江不遠百里故云江上○正義曰吳地記云胥山太湖邊胥湖東岸山西臨胥湖山有古葬胥二王廟按其廟不干子胥事太史誤矣張注又非吳王既誅伍子胥遂伐齊齊鮑氏殺其君悼公而立陽生吳王欲討其賊不勝而去其後二年吳王召魯衛之君會之橐皋索隱曰音拓皋杜預云地名在淮南逡遒縣東南○正義曰橐皋故縣在廬州巢縣西北五十六里其明年因北大會諸侯於黃池正義曰在汴州封丘縣南七里以令周室越

王勾踐襲殺吳太子索隱曰左傳太子名友破吳兵吳王聞之乃歸使使厚幣與越平後九年越王勾踐遂滅吳殺王夫差而誅太宰嚭以不忠於其君而外受重賂與己比周也正義曰紀鼻二音伍子胥初所與俱亡故楚太子建之子勝者在於吳吳王夫差之時楚惠王欲召勝歸楚葉公諫曰正義曰上式涉反杜預云子高沈諸梁勝好勇而陰求死士殆有私乎惠王不聽遂召勝使居楚之邊邑鄢徐廣曰潁川鄢陵是○正義曰鄢音偃括地志云故郾城在豫州郾城縣南五里與褒信白亭相近號爲白公徐廣曰汝南褒信縣有白亭○正義曰括地志云白亭在豫州褒信縣南四十二里又有白公故城又許州扶溝縣北四十五里又有白亭也白公歸楚

三年而吳誅子胥白公勝既歸楚怨鄭之殺其父乃陰養死士求報鄭歸楚五年請伐鄭楚令尹子西許之兵未發而晉伐鄭鄭請救於楚楚使子西往救與盟而還白公勝怒曰非鄭之仇乃子西也勝自礪劒人問曰索隱曰左傳作子期之子平見曰王孫何自礪也何以爲勝曰欲以殺子西子西聞之笑曰勝如卵耳何能爲也其後四歲白公勝與石乞襲殺楚令尹子西司馬子綦於朝索隱曰左傳作子期也石乞曰不殺王不可乃劫之王如高府索隱曰杜預云楚之別府石乞從者屈固徐廣曰一作惠王從者屈固楚世家亦云王從者○索隱曰蓋此本爲得而左傳云

石乞尹門圉公陽穴宮負王以如昭夫人之宮則公陽是楚之大夫王之從者也負楚惠王亡走昭夫人之宮索隱曰昭王夫人即惠王母乃越女是也葉公聞白公爲亂率其國人攻白公白公之徒敗亡走山中自殺正義曰左傳云白公奔山而縊而虜石乞而問白公尸處不言將亨石乞曰事成爲卿不成而亨固其職也終不肯告其尸處遂亨石乞而求惠王復立之

太史公曰怨毒之於人甚矣哉王者尚不能行之於臣下況同列乎向令伍子胥從奢俱死何異螻蟻棄小義雪大恥名垂於後世悲夫方子胥窘於江上索隱曰窘音求殞反道乞食志豈嘗須臾忘郢邪故隱忍就功名非烈丈夫孰能致此哉白公如不自立爲君者其功謀亦不可勝道者哉

索隱述贊曰

讒人罔極　交亂四國　嗟彼伍氏
被茲凶慝　員獨忍詬　志復冤毒
霸吳起師　伐楚逐北　鞭尸雪恥
抉眼棄德

伍子胥列傳第六　史記六十六

仲尼弟子列傳第七　　史記六十七

孔子曰受業身通者七十有七人索隱曰孔子家語亦有七十七人唯文翁孔廟圖作七十二人
皆異能之士也德行顏淵閔子騫
冉伯牛仲弓政事冉有季路言語宰我子貢索隱
曰論語一曰德行二曰言語三曰政事四曰文學今此文政事在言語上是其記有異也文學子游子
夏師也辟馬融曰子張才過人失於邪辟文過○正義音辟參也魯孔安國曰魯鈍
也曾子遲鈍柴也愚何晏曰愚直之愚由也喭鄭玄曰子路之行失於畔喭○正義曰喭
音畔○索隱曰論語先言柴次參次師次由今此傳序之亦與論語不同不得輒言其誤也○正義音岸回也
屢空賜不受命而貨殖焉億則屢中何晏曰言回庶幾於聖道
雖數空匱而樂在其中賜不受教命唯財貨是殖億度是非
蓋美回所以勵賜也一曰屢猶每也空猶虛中也以聖人之

善道教數子之庶幾猶不至於知道者各內有此害也其於
庶幾每能虛中者唯回懷道深遠不虛心不能知道子貢無
數子之病然亦不知道者雖不窮理而幸中雖非天命而偶富亦所以不虛心也孔子之所嚴
事於周則老子於衛蘧伯玉外寬而內直自娛於隱括之中直己而不直人
汲汲於仁以善自終蓋蘧伯玉之行於齊晏平仲於楚老萊子於鄭
子產君擇臣而使之臣擇君而事之有道順命無道衡命蓋晏平仲之行也○索隱曰大戴記云蹈忠而行信
終日言不在尤之內國無道處賤不悶貧而能樂蓋老萊子之行於魯孟公綽數稱臧
文仲柳下惠孝恭慈仁允德圖義約貨去怨蓋柳下惠之行銅鞮伯華介山
子然孔子皆後之不並世大戴禮曰孔子云國家有道其言足以興國家無道
其默足以容蓋銅鞮伯華之所行觀於四方不忘其親苟思其親不盡其樂蓋介山子然之行也說苑曰孔子歎曰銅鞮
伯華無死天下有定矣晉太康地記云銅鞮晉大夫羊舌赤之邑世號赤曰銅鞮伯華○索隱曰自臧文仲已下孔子皆

後之不並世其所嚴事自老子及公綽已上皆孔子同時人
也按戴德撰禮號曰大戴禮合八十五篇其四十七篇亡見
今存者有三十八篇今裴氏所引在衛將軍篇孔子稱祁奚
對晉平公之辭唯舉銅鞮介山二人之行也家語又云不克
不忌不念舊怨蓋伯夷叔齊之行思天而敬人服義而行信
蓋趙文子之行事君不愛其死謀身不遺其友蓋隨武子之
行也理志銅鞮縣名屬上黨○正
義曰鞮丁奚反按銅鞮潞州縣

顏回者魯人也字子淵少孔子三十歲正義曰少成妙反

顏淵問仁孔子曰克己復禮天下歸仁焉馬融曰克
己約身也孔安國曰復反
也身能反禮則爲仁矣

孔子曰賢哉回也衛瓘曰非大賢樂道
不能若此故以稱之○索隱曰衛瓘
字伯玉晉太保亦注論語故裴引之

一簞食一瓢飲孔安
國曰簞
笥也

在陋巷人不堪其憂回也不改其樂孔安
國曰顏回樂道雖簞食
在陋巷不改其所樂也

回也如愚孔安國曰於孔子之言默而識之如愚也退

而省其私亦足以發回也不愚孔安國曰察其退還與二三子說釋
道義發明大
體知其不愚

用之則行捨之則藏唯我與爾有是夫孔安國曰言可行則行可止則止唯我與顏回同也欒肇
曰用己而後行不假隱以自高不蚤道以要名時人無知
其實者唯我與尔有是行○正義曰欒肇字永高平
人晉尚書郎作論語疑釋十卷及論語駮虛二卷

回年二十

九髮盡白蚤死索隱曰家語亦云年二十九而髮白三
十二而死王肅云此久遠之書年數錯
誤未可詳也校其年則顏回死時孔子年六十一然則伯魚
年五十先孔子卒卒時孔子且七十也今此爲顏回先伯魚
死而論語曰顏回死顏路請子之車子曰鯉也死有棺而無
槨或爲設事之辭按顏回死在伯魚之前故知以論語爲設
詞

孔子哭之慟曰自吾有回門人益親王肅曰顏回爲孔子
胥附之友能使
門人日親孔子

魯哀公問弟子孰爲好學孔子對

曰有顏回者好學不遷怒不貳過不幸短命死

矣今也則亡何晏曰凡人任情喜怒違理顔回任道怒不過分遷者移也怒當其理不移易也不貳過者有不善未嘗復行

閔損字子騫鄭玄曰孔子弟子目録云魯人少孔子十五歲孔子曰孝哉閔子騫人不間於其父母昆弟之言陳羣曰言子騫上事父母下順兄弟動靜盡善故人不得有非間之言不仕大夫不食汙君之祿索隱曰論語季氏使閔子騫爲費宰子騫曰善爲我辭焉是不仕大夫不食汙君之祿也如有復我者孔安國曰復我者重來召我必在汶上矣孔安國曰去之汶水上欲北如齊

冉耕字伯牛鄭玄曰魯人孔子以爲有德行伯牛有惡疾孔子往問之自牖執其手包氏曰牛有惡病不欲見人孔子從牖執其手曰命也夫斯人也而有斯疾命也夫包曰再言之者痛之甚也

冉雍字仲弓鄭玄曰魯人○索隱曰家語云伯牛之宗族少孔子二十九歲仲弓問政孔子曰出門如見大賓使民如承大祭孔安國曰莫尚乎敬在邦無怨在家無怨包氏曰在邦爲諸侯在家爲卿大夫孔子以仲弓爲有德行曰雍也可使南面包曰可使南面言任諸侯之治仲弓父賤人孔子曰犂牛之子騂且角雖欲勿用山川其舍諸何晏曰犂雜文騂赤色也角者角周正中犧牲雖欲以其所生犂而不用山川寧肯舍之乎言父雖不善不害於子之美

冉求字子有鄭玄曰魯人少孔子二十九歲爲季氏宰季康子問孔子曰冉求仁乎曰千室之邑百乘之家孔安國曰千室卿大夫之邑卿大夫稱家諸侯千乘大夫故曰百乘求也可使治

其賦仁則吾不知也孔安國曰賦兵賦也仁道至大不可全名也復問子路仁乎孔子對曰如求求問曰聞斯行諸包氏曰賑窮救乏之事也子曰行之子路問聞斯行諸子曰有父兄在如之何其聞斯行之孔安國曰當白父兄不可自專子華怪之敢問問同而荅異孔子曰求也退故進之由也兼人故退之鄭玄曰言冉有性謙退子路務在勝尚人各因其人之失而正之

仲由字子路卞人也徐廣曰尸子曰子路卞之野人○索隱曰家語一字季路亦云是卞人也少孔子九歲子路性鄙好勇力志伉直冠雄雞佩豭豚冠以雄雞佩以豭豚二物皆勇子路好勇故冠帶之陵暴孔子孔子設禮稍誘子路子路後儒服委質索隱曰服虔注左氏云古者始

事必先書其名於策委死之質於君然後爲臣示必死節於其君也因門人請爲弟子子路問政孔子曰先之勞之孔安國曰先導之以德使民信之然後勞之易曰悅以使民民忘其勞請益曰無倦孔安國曰子路嫌其少故請益曰無倦者行此上事無倦則可子路問君子尚勇乎孔子曰義之爲上君子好勇而無義則亂李充曰既稱君子不職爲亂階也若君親失道國家昏亂其於赴患致命而不知正顧義者則亦陷乎爲亂而受不義之責也○索隱曰充字弘度晉中書侍郎亦作論語解小人好勇而無義則盜子路有聞未之能行唯恐有聞孔安國曰前所聞未及行故恐復有聞不得並行孔子曰片言可以折獄者其由也與孔安國曰片猶偏也聽訟必須兩辭以定是非偏信一言折獄者唯子路可也由也好勇過我無所取材欒肇曰適用曰材好勇過我用故云無所取○索隱曰肇字求初晉尚書

郎作論語義也若由也不得其死然孔安國曰不得以壽終也衣敝緼袍孔安國曰緼枲著也與衣狐貉者立而不恥者其由也歟由也升堂矣未入於室也馬融曰升我堂矣未入於室耳季康子問仲由仁乎孔子曰千乘之國可使治其賦不知其仁子路喜從游遇長沮桀溺荷蓧丈人子路為季氏宰季孫問曰子路可謂大臣與孔子曰可謂具臣矣孔安國曰言備臣數而已子路為蒲大夫索隱曰蒲衛邑子路為之宰辭孔子孔子曰蒲多壯士又難治然吾語汝恭以敬可以執勇言恭謹謙敬勇猛不能害故曰執也寬以正可以比衆音鼻言寬大清正衆必歸近之恭正以靜可以報上初

衛靈公有寵姬曰南子靈公太子蕢聵得過南子懼誅出奔及靈公卒而夫人欲立公子郢郢不肯曰亡人太子之子輒在於是衛立輒為君是為出公出公立十二年其父蕢聵居外不得入子路為衛大夫孔悝之邑宰索隱曰服虔云為孔悝之邑宰蕢聵乃與孔悝作亂索隱曰左傳蒯聵入孔悝家悝母伯姬劫悝於廁彊與之盟而立蒯聵非悝本心自作亂也謀入孔悝家遂與其徒襲攻出公出公奔魯而蕢聵入立是為莊公方孔悝作亂子路在外聞之而馳往遇子羔出衛城門謂子路曰出公去矣而門已閉子可還矣毋空受其禍子

[illegible]若由也不得其死然[illegible]衣敝縕袍[illegible]與衣狐貉者立而不恥者其由也與由也升堂矣未入於室也[illegible]季康子問仲由仁乎孔子曰千乘之國可使治其賦[illegible]不知其仁子路喜從游遇長沮桀溺荷蓧丈人[illegible]子路為季氏宰季孫問曰子路可謂大臣與孔子曰可謂具臣矣[illegible]子路為蒲大夫辭孔子孔子曰蒲多壯士又難治然吾語汝恭以敬可以執勇寬以正可以比眾恭正以靜可以報上[illegible]

初衛靈公有寵姬曰南子靈公太子蕢聵得過南子懼誅出奔及靈公卒而夫人欲立公子郢郢不肯曰亡人太子之子輒在於是衛立輒為君是為出公出公立十二年其父蕢聵居外不得入子路為衛大夫孔悝之邑宰蕢聵乃與孔悝作亂[illegible]謀入孔悝家遂與其徒襲攻出公出公奔魯而蕢聵入立是為莊公方孔悝作亂子路在外聞之而馳往遇子羔出衛城門謂子路曰出公去矣而門已閉子可還矣毋空受其禍子路曰

路曰食其食者不避其難子羔卒去有使者入
城城門開子路隨而入造蕢聵蕢聵與孔悝登
臺子路曰君焉用孔悝請得而殺之蕢聵弗聽
於是子路欲燔臺蕢聵懼乃下石乞壺黶攻子
路擊斷子路之纓子路曰君子死而冠不免遂
結纓而死孔子聞衛亂曰嗟乎由死矣已而果
死故孔子曰自吾得由惡言不聞於耳王肅曰子路爲孔子
侍衛故侮慢之人不敢有惡言是以惡言不聞於孔子耳是時子貢爲魯使於齊
索隱曰左傳子貢爲魯使齊在哀十五年蓋此文錯誤也聊亦記之

宰予字子我鄭玄曰魯人利口辯辭既受業問三年
之喪不已久乎君子三年不爲禮禮必壞三年
不爲樂樂必崩舊穀既沒新穀既升鑽燧改火
期可已矣馬融曰周書月令有更火之文春取榆柳之火夏取棗杏之火季夏取桑柘之火秋取柞楢之火冬取槐檀之火一年之中鑽火各異木故曰改火子曰於汝安乎曰安汝安
則爲之君子居喪食旨不甘聞樂不樂故弗爲
也孔安國曰旨美也責其無仁於親故言汝安則爲之宰我出子曰予之不仁
也子生三年然後免於父母之懷馬融曰生未三歲爲父母所懷抱也夫三年之喪天下之通義也孔安國曰自天子達於庶人宰
我晝寢子曰朽木不可雕也包氏曰朽腐也雕雕琢刻畫糞土
之牆不可圬也王肅曰圬墁也二者喻雖施功猶不成也宰我問五帝

之德予曰予非其人也（王肅曰言不足以明五帝之德也）宰我爲臨菑大夫（索隱曰謂仕齊都臨菑故云爲臨菑大夫）與田常作亂以夷其族孔子恥之（索隱曰左氏無宰我與田常作亂之文然有闞止字子我而因爭寵子我爲陳恒所殺恐字與宰予相涉因誤云然）

端木賜衛人字子貢少孔子三十一歲子貢利口巧辭孔子常黜其辯問曰汝與回也孰愈（孔安國曰愈猶勝也）對曰賜也何敢望回回也聞一以知十賜也聞一以知二子貢既已受業問曰賜何人也孔子曰汝器也（孔安國曰言汝器用之人）曰何器也曰瑚璉也（包曰瑚璉黍稷器夏曰瑚殷曰璉周曰簠簋宗廟之貴器）陳子禽問子貢曰仲尼焉學子貢曰文武之道未墜於地在人賢者識其大者不賢者識其小者莫不有文武之道夫子焉不學（孔安國曰文武之道未墜落於地賢與不賢各有所識夫子無所不從學）而亦何常師之有（孔安國曰無所不從學故無常師）又問曰孔子適是國必聞其政求之與抑與之與（鄭玄曰怪孔子所至之邦必與聞國政求而得之邪抑人君自願與之爲治）子貢曰夫子溫良恭儉讓以得之夫子之求之也其諸異乎人之求之也（鄭玄曰言夫子行此五德而得之與人求之異明人君自與之）子貢問曰富而無驕貧而無諂何如孔子曰可也（孔安國曰未足多也）不如貧而樂道富而好禮（鄭玄曰樂謂志於道不以貧爲憂苦也）田常欲作亂於齊憚

高國鮑晏故移其兵欲以伐魯孔子聞之謂門弟子曰夫魯墳墓所處父母之國國危如此二三子何爲莫出子路請出孔子止之子張子石（索隱曰公孫龍也）請行孔子弗許子貢請行孔子許之遂行至齊說田常曰君之伐魯過矣夫魯難伐之國其城薄以卑其地狹以泄（索隱曰越絕書其泄字作淺）其君愚而不仁大臣僞而無用其士民又惡甲兵之事此不可與戰君不如伐吳夫吳城高以厚地廣以深甲堅以新士選以飽重器精兵盡在其中又使明大夫守之此易伐也田常忿然作色

曰子之所難人之所易子之所易人之所難而以教常何也子貢曰臣聞之憂在內者攻彊憂在外者攻弱今君憂在內吾聞君三封而三不成者大臣有不聽者也今君破魯以廣齊戰勝以驕主破國以尊臣（王肅曰鮑晏等帥師若破國則臣尊矣）而君之功不與焉則交日疏於主是君上驕主心下恣羣臣求以成大事難矣夫上驕則恣臣驕則爭是君上與主有郤下與大臣交爭也如此則君之立於齊危矣故曰不如伐吳伐吳不勝民人外死大臣內空是君上無彊臣之敵下無民人之

過孤主制齊者唯君也田常曰善雖然吾兵業已加魯矣去而之吳大臣疑我柰何子貢曰君按兵無伐臣請往使吳王令之救魯而伐齊君因以兵迎之田常許之使子貢南見吳王說曰臣聞之王者不絕世霸者無彊敵千鈞之重加銖兩而移今以萬乘之齊而私千乘之魯與吳爭彊竊為王危之且夫救魯顯名也伐齊大利也以撫泗上諸侯誅暴齊以服彊晉利莫大焉名存亡魯實困彊齊智者不疑也吳王曰善雖然吾嘗與越戰棲之會稽越王苦身養士有報

我心子待我伐越而聽子子貢曰越之勁不過魯吳之彊不過齊王置齊而伐越則齊已平魯矣且王方以存亡繼絕為名夫伐小越而畏彊齊非勇也夫勇者不避難仁者不窮約智者不失時王者不絕世以立其義今存越示諸侯以仁救魯伐齊威加晉國諸侯必相率而朝吳霸業成矣且王必惡越索隱曰惡猶畏也臣請東見越王令出兵以從此實空越名從諸侯以伐也吳王大說乃使子貢之越越王除道郊迎身御至舍而問曰此蠻夷之國大夫何以儼然辱而臨之子

貢曰今者吾說吳王以救魯伐齊其志欲之而畏越曰待我伐越乃可如此破越必矣且夫無報人之志而令人疑之拙也有報人之意使人知之殆也事未發而先聞危也三者舉事之大患勾踐頓首再拜曰孤嘗不料力乃與吳戰困於會稽痛入於骨髓日夜焦脣乾舌徒欲與吳王接踵而死孤之願也遂問子貢子貢曰吳王爲人猛暴羣臣不堪國家敝於數戰士卒弗忍百姓怨上大臣內變子胥以諫死索隱曰王劭按家語越絕書並無此五字是時子胥未死太宰嚭用事順君之過以安其私是

殘國之治也今王誠發士卒佐之以徼音結堯反其志王肅曰徼射其志重寶以說其心卑辭以尊其禮其伐齊必也彼戰不勝王之福矣戰勝必以兵臨晉臣請北見晉君令共攻之弱吳必矣其銳兵盡於齊重甲困於晉而王制其敝此滅吳必矣越王大說許諾送子貢金百鎰劍一良矛二子貢不受遂行報吳王曰臣敬以大王之言告越王越王大恐曰孤不幸少失先人內不自量抵罪於吳軍敗身辱棲于會稽國爲虛莽虛音墟莽音莫朗反○索隱曰有本作棘恐誤也賴大王之賜使得奉俎豆而修祭祀

死不敢忘何謀之敢慮後五日越使大夫種頓
首言於吳王曰東海役臣孤勾踐使者臣種敢
修下吏問於左右今竊聞大王將興大義誅彊
救弱困暴齊而撫周室請悉起境內士卒三千
人孤請自被堅執銳以先受矢石因越賤臣種
奉先人藏器甲二十領鈇屈盧之矛 索隱曰鈇音跌謂斧也劉
氏云一本無此字屈盧矛名 步光之劍以賀軍吏吳王大說以
告子貢曰越王欲身從寡人伐齊可乎子貢曰
不可夫空人之國悉人之衆又從其君不義君
受其幣許其師而辭其君君王許諾乃謝越王

於是吳王乃遂發九郡兵伐齊子貢因去之晉
謂晉君曰臣聞之慮不先定不可以應卒 索隱曰卒
謂急卒也言計慮不先定不可以應卒有非常之事 兵不先辨不可以勝敵今
夫齊與吳將戰彼戰而不勝越亂之必矣與齊
戰而勝必以其兵臨晉晉君大恐曰為之奈何
子貢曰脩兵休卒以待之晉君許諾子貢去而
之魯吳王果與齊人戰於艾陵 索隱曰左傳在哀十一年 大破
齊師獲七將軍之兵而不歸果以兵臨晉與晉
人相遇黃池之上 索隱曰左傳黃池之會在哀十三年越入吳吳與越平也 吳晉
爭彊晉人擊之大敗吳師越王聞之涉江襲吳

去城七里而軍吳王聞之去晉而歸與越戰於五湖三戰不勝城門不守越遂圍王宮殺夫差而戮其相索隱曰左傳越滅吳在哀二十二年則事並懸隔數年蓋此文欲終說其事故其辭相連也破吳三年東向而霸故子貢一出存魯亂齊破吳彊晉而霸越子貢一使使勢相破十年之中五國各有變索隱曰按左傳謂魯齊晉吳越也故云子貢一出存魯亂齊破吳彊晉而霸越子貢好廢舉與時轉貨貲廢舉謂停貯也與時謂逐時也夫物賤則買而停貯值貴即逐時轉易貨賣取資利也○索隱曰家語貨作化王肅云廢舉謂買賤賣貴也轉化謂隨時轉貨以殖其資也劉氏云廢謂物貴而賣之舉謂物賤而買之轉貨謂轉貴收賤也喜揚人之美不能匿人之過常相魯衛家累千金卒終于齊

言偃吳人索隱曰家語云魯人按偃仕魯爲武城宰耳今吳郡有言偃冢蓋吳郡人爲是也字子游少孔子四十五歲子游既已受業爲武城宰正義曰括地志云在兗州即南城也輿地志云南武城縣魯武邑城子游爲宰者也在泰山郡孔子過聞弦歌之聲孔子莞爾而笑何晏曰莞爾小笑貌曰割雞焉用牛刀孔安國曰言治小何須用大道子游曰昔者偃聞諸夫子曰君子學道則愛人小人學道則易使孔安國曰道謂禮樂也樂以和人人和則易使孔子曰二三子孔安國曰從行者偃之言是也前言戲之耳孔安國曰戲以治小而用大孔子以爲子游習於文學

卜商字子夏家語云衛人鄭玄曰溫國卜商○索隱曰溫國今河內溫縣元屬衛故少孔

子四十四歲子夏問巧笑倩兮美目盼兮素以爲絢兮何謂也馬融曰倩笑貌盼動目貌絢文貌此上二句在衛風碩人之二章其下一句逸詩子曰繪事後素鄭玄曰繪畫文也凡畫繪先布衆色然後以素分布其間以成其文喻美女雖有倩盼美質亦須禮以成也曰禮後乎何晏曰孔言繢事後素子夏聞而解知以素喻禮故曰禮後乎孔子曰商始可與言詩已矣包曰能發明我意可與言詩矣

子貢問師與商孰賢子曰師也過商也不及孔安國曰言俱不得中然則師愈與曰過猶不及子謂子夏曰汝爲君子儒無爲小人儒何晏曰君子之儒將以明道小人爲儒則矜其名

孔子既沒子夏居西河教授索隱曰在河東郡之西界盖近龍門劉氏云今同州河西縣有子夏石室學堂在也○正義曰西河郡今汾州也尔雅云兩河間曰冀州礼記云自東河至於西河河東故號龍門河爲西河漢因爲西河郡汾州也子夏所教處括地志云謁泉山一名隱泉山在汾州堰城縣北四十里注水經云其山岸壁五崖半有一石室去地五十丈頂上平地十許須隨國集記云此爲子夏石室退老西河居此有卜商神祠今見在爲魏文侯師索隱曰子夏文學著於四科序詩傳易又孔子以春秋屬商又傳礼著在禮志而此史並不論空記論語小事亦其疎也○正義曰文侯都安邑孔子卒後子夏教於西河之上文侯師事之咨問國政焉其子死哭之失明

顓孫師陳人索隱曰鄭玄目録陽城人陽城縣名亦屬陳郡也字子張少孔子四十八歲子張問干祿鄭玄曰干求也祿祿位也孔子曰多聞闕疑慎言其餘則寡尤包氏曰尤過也疑則闕之其餘不疑猶慎言之則少過多見闕殆慎行其餘則寡悔包氏曰殆危也所見危者闕而不行則少悔言寡尤行寡悔祿在其中矣鄭玄曰言行如此雖不得

祿得祿之道他日從在陳蔡間困問行孔子曰言忠信行篤敬雖蠻貊之國行也言不忠信行不篤敬雖州里行乎哉鄭玄曰二千五百家爲州五家爲鄰五鄰爲里行乎哉言不可行立則見其參於前也在輿則見其倚於衡夫然後行包氏曰衡軛也言思念忠信立則常想見參然在前在輿則若倚於車軛子張書諸紳孔安國曰紳大帶也子張問士何如斯可謂之達矣孔子曰何哉爾所謂達者子張對曰在國必聞在家必聞鄭玄曰言士之所在皆能有名譽孔子曰是聞也非達也夫達者質直而好義察言而觀色慮以下人馬融曰常有謙退之志察言語觀顏色知其所欲其念慮常欲下於人在國及家必達馬融曰謙尊而光卑而不可踰夫聞也者色取仁而行違居之不疑馬融曰此言佞人也佞人假仁者之色行之則違安居其僞而不自疑在國及家必聞馬融曰佞人黨多

曾參南武城人索隱曰武城屬魯當時魯更有北武城故言南也○正義曰括地志云南武城在兗州子游爲宰者地里志云定襄有武城清河有武城故此云南武城也字子輿少孔子四十六歲孔子以爲能通孝道正義曰韓詩外傳云曾子曰吾嘗仕爲吏祿不過鍾釜尚猶欣欣而喜者非以爲多也樂道養親也親沒之後吾嘗南游於越得尊官堂高九仞榱題三尺轉轂百乘然猶北向而泣者非爲賤也悲不見吾親也故授之業作孝經死於魯

澹臺滅明包氏曰澹臺姓滅明名○正義曰括地志云延津在滑州靈昌縣東北里注水經云黃河水至此爲之延津昔澹臺子羽齎千金之璧渡河陽侯波起兩蛟夾舟子羽曰吾可以義求不可以威劫操劍斬蛟蛟死乃投

壁於河三投而輒躍出乃毀璧而去亦無怪意即此津也武城人正義曰括地志云亦在兗州字子羽少孔子三十九歲狀貌甚惡欲事孔子孔子以爲材薄既已受業退而脩行行不由徑非公事不見卿大夫包氏曰言其公且方南游至江索隱曰今吳國東南有澹臺湖即其遺迹所在也從弟子三百人設取予去就名施乎諸侯孔子聞之曰吾以言取人失之宰予以貌取人失之子羽索隱曰家語子羽有君子之容而行不勝其貌宰我有文雅之辭而智不充其辯孔子曰以容取人則失之子羽以言取人則失之宰予今云滅明狀貌甚惡則以子羽形陋也正與家語相反○正義曰按澹子羽墓在兗州鄒城縣是也

宓不齊字子賤孔安國曰魯人○正義曰顏氏家訓云兗州永郡城舊單父縣地也東有子賤碑世所立乃云濟南伏生即子賤之後是虙之與伏古來通字誤爲宓較可明矣虙字從音呼宓從音綿下俱爲必世傳寫誤少孔子四十九歲索隱曰家語少孔子三十歲此云四十九不同孔子謂子賤君子哉魯無君子斯焉取斯包氏曰如魯無君子子賤安得此行而學子賤爲單父宰正義曰宋州縣也說苑云宓子賤理單父彈琴身不下堂單父理巫馬期以星出以星入而單父亦理巫馬期問其故宓子賤曰我之謂在人子之謂在力任力者勞任人者逸反命於孔子曰此國有賢不齊者五人索隱曰家語云不齊所父事者三人所兄事者五人所友者十一人與此不同教不齊所以治者孔子曰惜哉不齊所治者小所治者大則庶幾矣

原憲字子思鄭玄曰魯人○索隱曰家語云宋人所記不同少孔子三十六歲子思問恥孔子曰國有道穀孔安國曰穀祿也邦有道當食祿國無道

穀恥也孔安國曰君無道而在其朝食其祿是恥辱也子思曰克伐怨欲不行焉可以為仁乎馬融曰克好勝人也伐自伐其功怨忌也欲貪欲也孔子曰可以為難矣仁則吾弗知也包氏曰四者行之難未知以為仁孔子卒原憲亡在草澤中索隱曰家語云隱居衛子貢相衛而結駟連騎排藜藿入窮閻過謝原憲憲攝敝衣冠見子貢子貢恥之曰夫子豈病乎原憲曰吾聞之無財者謂之貧學道而不能行者謂之病若憲貧也非病也子貢慙不懌而去終身恥其言之過也

公冶長齊人字子長索隱曰家語云魯人名萇范甯云字子芝孔子曰長可妻也雖在累紲之中孔安國曰累黑索也紲攣也所以拘罪人非其罪也以其子妻之張華曰公冶長墓在城陽姑幕城東南五里所墓極高

南宮括字子容孔安國曰容魯人○索隱曰家語作南宮縚按其人是孟僖子之子仲孫閱也蓋居南宮因姓焉問孔子曰羿善射奡盪舟孔安國曰羿有窮之君篡夏后位其臣寒浞殺之因其室而生奡奡多力能陸地行舟為夏后少康所殺○正義羿音詣盪大浪反俱不得其死然禹稷躬稼而有天下孔子弗荅馬融曰禹盡力於溝洫稷播百穀故曰躬稼也禹及其身稷及後世皆王括意欲以禹稷比孔子孔子謙故不荅容出孔子曰君子哉若人上德哉若人孔安國曰賤不義而貴德故曰君子國有道不廢孔安國曰不廢言見用國無道免於刑戮三復白珪之玷孔安國曰詩云白珪之玷尚可磨也斯言之玷不可為也南容讀詩至此三反之是其心敬慎於言以

其兄之子妻之
公晳哀字季次（孔子家語云齊人○索隱曰家語作公晳克）孔子曰天下
無行多為家臣仕於都唯季次未嘗仕（索隱曰家語云未嘗屈節為人臣故孔子特歎賞之亦見游俠傳）
曾蒧（音點）字晳（孔安國曰晳曾參父）侍孔子孔子曰言爾志
蒧曰春服既成冠者五六人童子六七人浴乎
沂風乎舞雩詠而歸（徐廣曰一作饋駰案包氏曰暮春者季春三月也春服既成衣單袷之時我欲得冠者五六人童子六七人浴於沂水之上風凉於舞雩之下歌詠先王之道歸於夫子之門）孔子
喟爾嘆曰吾與蒧也（周氏曰善蒧之獨知時也）
顏無繇（音遙○正義繇音由）字路路者顏回父（索隱曰家語顏由字路回之父也孔子始教於闕里而受學焉少孔子六歲故此傳云父子異時事孔子故易稱顏氏之子也）父子嘗各

異時事孔子顏回死顏路貧請孔子車以葬（孔安國曰賣以作椁）
孔子曰材不材亦各言其子也鯉也死有
棺而無椁吾不徒行以為之椁以吾從大夫之
後不可以徒行（孔安國曰鯉孔子子伯魚孔子時為大夫言從大夫之後不可徒行謙辭也）
商瞿（正義具俱反）魯人字子木少孔子二十九歲孔
子傳易於瞿瞿傳楚人馯（徐廣曰音寒）臂子弘（正義曰馯音汗顏師古云馯姓也漢書及荀卿子皆云字子弓此作弘蓋誤也應劭云子弓子夏門人）弘傳江東
人矯（音橋）子庸疵（音自移反○正義曰漢書作橋庇云魯人顏師古云橋疵字子庸）疵傳
燕人周子家豎（正義曰豎音時與反周豎字子家漢書作周醜也）豎傳淳于

人光子乘羽[正義曰光乘字羽括地志云淳于國在密州安丘縣東三十里古之州國周武王封淳于國]羽傳齊人田子莊何[正義曰儒林傳云田何字子莊]何傳東武人[徐廣曰屬琅邪]王子中同[正義曰括地志云東武縣今密州諸城縣是也漢作王同字子仲]同傳菑川人楊何[正義曰漢書云字叔元按商瞿至楊何凡八代]何元朔中以治易為漢中大夫

高柴字子羔[鄭玄曰衛人○正義曰家語云齊人]少孔子三十歲子羔長不盈五尺受業孔子孔子以為愚子路使子羔為費郈宰[正義曰括地志云鄆州宿縣二十三里郈亭]孔子曰賊夫人之子[包氏曰子羔學未孰習而使為政所以賊害人]子路曰有民人焉有社稷焉何必讀書然後為學[孔安國曰言治人事神於是而習亦學也]孔子曰是故惡夫佞者[孔安國曰疾其以給應遂己非而不知窮也]

漆彫開字子開[鄭玄曰魯人也○正義曰家語云蔡人字子若少孔子十一歲習尚書不樂仕]孔子使開仕對曰吾斯之未能信[孔安國曰仕進之道未能信者未能究習]孔子說[鄭玄曰善其志道深]

公伯僚字子周[馬融曰魯人○正義曰家語有申繚子周古史考云疑公伯僚是讒愬之人孔子不責而云命非弟子之流也]周愬子路於季孫子服景伯以告孔子曰夫子固有惑志[孔安國曰季孫信讒恚子路也]僚也吾力猶能肆諸市朝[鄭玄曰吾勢猶能辯子路之無罪於季孫使人誅僚而肆之也有罪既刑陳其尸曰肆]孔子曰道之將行命也道之將廢命也公伯僚其如命何

司馬耕字子牛（孔安國曰宋人）牛多言而躁問仁於孔
子孔子曰仁者其言也訒（孔安國曰訒難也）曰其言也訒
斯可謂之仁乎子曰爲之難言之得無訒乎（孔安國曰行仁難言仁亦不得不難也）問君子子曰君子不憂不懼（孔安國曰牛兄桓魋將爲亂牛自宋來學常憂懼故孔子解之也）曰不憂不懼斯可謂
之君子乎子曰内省不疚夫何憂何懼（包氏曰疚病自省無罪惡無可憂懼）

樊須字子遲（鄭玄曰齊人○正義曰家語云魯人）少孔子三十六歲樊
遲請學稼孔子曰吾不如老農請學圃曰吾不
如老圃（馬融曰樹五穀曰稼樹菜蔬曰圃）樊遲出孔子曰小人哉

樊須也上好禮則民莫敢不敬上好義則民莫
敢不服上好信則民莫敢不用情（孔安國曰情實也言民化上各以實應）夫如是則四方之民襁負其子而至矣焉
用稼（包氏曰禮義與信足以成德何用學稼以教民乎負子之器曰襁）樊遲問仁子
曰愛人問智曰知人

有若（鄭玄曰魯人○正義曰家語云魯人字有少孔子三十三歲不同）少孔子十三
歲有若曰禮之用和爲貴先王之道斯爲美小
大由之有所不行知和而和不以禮節之亦不
可行也（馬融曰人知禮貴和而每事從和不以禮爲節亦不可以行之）信近於義言
可復也（何晏曰復猶覆也義不必信信非義也以其言可覆故曰近義）恭近於禮遠

恥辱也何晏曰恭不合禮非禮也以其能遠恥辱故曰近禮因不失其親亦可宗也孔安國曰因親也言所親不失其親亦可宗敬孔子既没弟子思慕有若狀似孔子弟子相與共立爲師師之如夫子時也他日弟子進問曰昔夫子當行使弟子持雨具已而果雨弟子問曰夫子何以知之夫子曰詩不云乎月離于畢俾滂沱矣毛傳曰畢噣也月離陰星則雨昨暮月不宿畢乎他日月宿畢竟不雨商瞿年長無子其母爲取室正義曰家語云瞿年三十八無子母欲更娶室孔子曰瞿年過四十當有五丈夫子果然中備云魯人商瞿使向齊國瞿年四十今後使行遠路畏慮恐絶無子夫子正月與瞿母筮告曰後有五丈夫子子貢曰何以知子曰卦遇大畜艮之二世九二甲寅木爲世立五景行水爲應世生外象生象來爻生互内

象艮別子應有五子一子短命顏回云何以知之内象是本子一艮變爲二醜三陽爻五於是五子一子短命何以知短命他以故也孔子使之齊瞿母請之孔子曰無憂瞿年四十後當有五丈夫子五男也已而果然敢問夫子何以知此有若默然無以應弟子起曰有子避之此非子之座也

公西赤字子華鄭玄曰魯人少孔子四十二歲子華使於齊冉有爲其母請粟孔子曰與之釜馬融曰六斗四升曰釜請益曰與之庾包氏曰十六斗曰庾冉子與之粟五秉馬融曰十六斛曰秉五秉合八十斛孔子曰赤之適齊也乘肥馬衣輕裘吾聞君子周急不繼富鄭玄曰非冉有與之太多

公祖句茲字子之正義曰句音鉤

秦祖字子南鄭玄曰秦人

漆雕哆音赤者反字子歛鄭玄曰魯人

顔高字子驕正義曰孔子在衛南子招夫子爲次乘過市顔高爲御

漆雕徒父

壤駟赤字子徒鄭玄曰秦人

商澤家語曰字子季

石作蜀字子明

任不齊字選鄭玄曰楚人

公良孺字子正鄭玄曰陳人賢而有勇○正義曰孔子周游常以家車五乘從孔子孔子世家

亦云語在三十五人中今在三十二人數恐太史公誤也

后處字子里鄭玄曰齊人

秦冉字開正義曰家語云無此人王肅家語此等惟三十七人其公良孺秦商顔亥仲叔會四人家語有事迹而史記闕公伯寮秦冉鄡單家語不載而別有琴牢陳亢縣亶三人

公夏首字乘鄭玄曰魯人

奚容箴字子晳正義曰衛人

公堅定字子中鄭玄曰魯人或曰晉人

顔祖字襄正義曰魯人

鄡苦堯反單音善字子家徐廣曰一云鄔單鉅鹿有鄡縣太原有鄔縣

句井疆鄭玄曰衛人正義句作鉤

罕父黑字子索家語曰罕父黑字索

秦商字子丕鄭玄曰楚人○正義曰家語云魯人字丕茲

申黨字周正義曰魯人

顏之僕字叔鄭玄曰魯人

榮旂字子祺

縣成字子祺鄭玄曰魯人正義縣音玄

左人郢字行鄭玄曰魯人

燕伋字思

鄭國字子徒正義曰家語云薛邦字徒史記作國者避高祖諱薛字與鄭字誤耳

秦非字子之鄭玄曰魯人

施之常字子恒

顏噲字子聲鄭玄曰魯人

步叔乘字子車鄭玄曰齊人

原亢籍家語曰名亢字籍○正義曰亢作亢仁勇反

樂欬字子聲正義曰魯人

廉絜字庸鄭玄曰衛人

叔仲會字子期鄭玄曰魯人○索隱曰家語魯人少孔子五十四歲與孔琁年相比二孺子俱執筆迭侍於夫子孟武伯見而訪之

顏何字冉鄭玄曰魯人○索隱曰家語字稱

狄黑字晳索隱曰家語載本各異

邽巽字子斂（鄭玄曰魯人○索隱曰家語作選字子斂文翁圖作國選蓋亦避漢諱改之劉氏作邽巽邽音圭所見各異）

孔忠（家語曰忠字子蔑孔子兄之子）

公西輿如字子上（索隱曰家語載亦同此）

公西蒧字子上（鄭玄曰魯人○索隱曰家語作子尚也）

太史公曰學者多稱七十子之徒譽者或過其實毀者或損其眞鈞之未覩厥容貌則論言弟子籍出孔氏古文近是余以弟子名姓文字悉取論語弟子問并次爲篇疑者闕焉

索隱述贊曰

教興闕里　道在郰鄉　異能就列
秀士昇堂　依仁遊藝　合志同方
將師宮尹　俎豆琳瑯　惜哉不霸
空臣素王

仲尼弟子列傳第七　史記六十七

商君列傳第八　　史記六十八

商君者正義曰秦封於商故號商君衛之諸庶孼公子也名鞅姓公孫氏其祖本姬姓也鞅少好刑名之學事魏相公叔座索隱曰公叔氏座名也座音在戈反爲中庶子索隱曰官名也魏已置之非自秦也周禮夏官謂之諸子禮記文王世子謂之庶子掌公族也公叔座知其賢未及進會座病魏惠王親往問病索隱曰即魏侯之子名罃後徙大梁而稱梁也曰公叔病有如不可諱將柰社稷何公叔曰座之中庶子索隱曰戰國策云御庶子也公孫鞅年雖少有奇才願王舉國而聽之王嘿然王且去座屏人言曰王即不聽用鞅必殺之無令出境王許諾而去公叔座召鞅謝曰今者王問可以爲相者我言若王色不許我我方先君後臣因謂王即弗用鞅當殺之王許我汝可疾去矣且見禽鞅曰彼王不能用君之言任臣又安能用君之言殺臣乎卒不去惠王既去而謂左右曰公叔病甚悲乎欲令寡人以國聽公孫鞅也豈不悖哉索隱曰疾重而悖亂也○正義曰悖音背公叔既死公孫鞅聞秦孝公下令國中求賢者將脩繆公之業東復侵地廼遂西入秦因孝公寵臣景監以求見孝公索隱曰景姓楚之族也監音甲彡去聲平聲並通孝公既見衛鞅語事良久孝公時時

巫馬施字子旗鄭玄曰魯人正義曰吾其少孔子三十歲陳司敗孔安國曰司敗官名陳大夫也問孔子曰魯昭公知禮乎孔子曰知禮退而揖巫馬旗曰吾聞君子不黨君子亦黨乎魯君娶吳女爲夫人命之爲孟子孟子姓姬諱稱同姓故謂之孟子魯君而知禮孰不知禮孔安國曰相助匿非曰黨礼同姓不婚而君娶之當稱吳姬諱曰孟子施以告孔子孔子曰丘也幸苟有過人必知之臣不可言君親之惡爲諱者禮也孔安國曰以司敗之言告也諱國惡礼也聖人之道弘故受之爲過也

梁鱣一作鯉字叔魚少孔子二十九歲孔子家語曰齊人

顏幸字子柳少孔子四十六歲鄭玄曰魯人

冉孺字子魯一作曾少孔子五十歲家語曰魯人

曹卹字子循少孔子五十歲

伯虔字子析少孔子五十歲正義曰家語云子晳

公孫龍字子石少孔子五十三歲鄭玄曰楚人○正義曰家語云衛人孟子云趙人莊子云堅白之談也

自子石已右三十五人顯有年名及受業聞見于書傳其四十有二人無年及不見書傳者紀于左索隱曰家語此例雖有三十七人其公良孺秦商顏亥叔仲會四人家語有事迹史記闕然自公伯遼秦冉鄡單三人家語不載而別有琴牢陳亢縣亶當此三人之數皆互有也如文翁圖所記又有林放蘧伯玉申棖申堂俱是後人以所見增益今殆不可考

冉季字子產鄭玄曰魯人○正義曰家語云冉季字子產

睡弗聽罷而孝公怒景監曰子之客妄人耳安
足用邪景監以讓衛鞅衛鞅曰吾說公以帝道
其志不開悟矣後五日復求見鞅鞅復見孝公
益愈然而未中旨罷而孝公復讓景監景監亦
讓鞅鞅曰吾說公以王道而未入也請復見鞅
鞅復見孝公孝公善之而未用也罷而去孝公
謂景監曰汝客善可與語矣鞅曰吾說公以霸
道其意欲用之矣誠復見我我知之矣衛鞅復
見孝公公與語不自知厀之前於席也語數日
不厭景監曰子何以中吾君吾君之驩甚也鞅

曰吾說君以帝王之道比三代正義曰比必寐反說者以五帝三王之事
比至孝公以三代帝王之道方興孝公曰太久遠吾不能而君曰久遠吾不能待
且賢君者各及其身顯名天下安能邑邑待數
十百年以成帝王乎故吾以彊國之術說君索隱
曰音稅君大說之耳索隱曰音悅然亦難以比德於殷
周矣孝公既用衛鞅鞅欲變法恐天下議己衛
鞅曰疑行無名疑事無功且夫有高人之行者
固見非於世索隱曰商君書非作負有獨知之慮者必見敖
於民索隱曰商君書作必見訾於人也○正義敖五到反愚者闇於成事知
者見於未萌民不可與慮始而可與樂成論至

德者不和於俗成大功者不謀於衆是以聖人苟可以彊國不法其故索隱曰言救弊爲政之術所爲苟可以彊國則不必要須法於故事也苟可以利民不循其禮孝公曰善甘龍曰索隱曰孝公之臣甘姓名龍也甘氏出春秋時甘昭公子帶之後不然聖人不易民而教知者不變法而治因民而教不勞而成功緣法而治者吏習而民安之衛鞅曰龍之所言世俗之言也常人安於故俗學者溺於所聞以此兩者居官守法可也非所與論於法之外也三代不同禮而王五伯不同法而霸智者作法愚者制焉賢者更禮不肖者拘焉索隱曰言賢智之人作法更礼而愚

不肖者不明變通而輙拘制不使之行斯亦信然矣杜摯曰利不百不變法功不十不易器法古無過循禮無邪衛鞅曰治世不一道便國不法古故湯武不循古而王索隱曰商君書作脩古夏殷不易禮而亡索隱曰指殷紂夏桀也反古者不可非而循禮者不足多孝公曰善以衛鞅爲左庶長卒定變法之令令民爲什五索隱曰劉氏云五家爲保十家相連也○正義曰或爲十保或爲伍保而相收司連坐索隱曰收司謂相糾發也一家有罪而九家連舉發若不糾舉則十家連坐恐變令不行故設重禁不告姦者腰斬告姦者與斬敵首同賞索隱曰謂告姦一人則得爵一級故云與斬敵首同賞也匿姦者與降敵同罰索隱曰律降敵者誅其身沒其家今匿姦者言當與之同罰也民有

二男以上不分異者倍其賦正義曰民有二男不別爲活者一人出兩課有軍功者各以率音律受上爵爲私鬬者各以輕重被刑大小僇力本業耕織致粟帛多者復其身事末利及怠而貧者舉以爲收孥索隱曰末利謂工商也蓋農桑爲本故上云本業耕織也怠者懈也周禮謂之疲民以言懈怠不事事之人而貧者即糾舉而收録其妻子沒爲官奴婢蓋其法特又重於古制也孥音奴宗室非有軍功論不得爲屬籍索隱曰謂宗室若無軍功則不得入屬籍謂除其籍則雖無功不及爵秩也明尊卑爵秩等級各以差次名田宅臣妾衣服以家次索隱曰謂各隨其家爵秩之班次亦不使僭侈踰等有功者顯榮無功者雖富無所芬華令既具未布恐民之不信已乃立三丈之木

於國都市南門募民有能徙置北門者予十金民怪之莫敢徙復曰能徙者予五十金有一人徙之輒予五十金以明不欺卒下令令行於民朞年秦民之國都言初令之不便者以千數索隱曰謂鞅新變之法令爲初令於是太子犯法衛鞅曰法之不行自上犯之將法太子太子君嗣也不可施刑刑其傅公子虔黥其師公孫賈明日秦人皆趨令索隱曰趨音七踰反趨者向也附也行之十年秦民大說道不拾遺山無盜賊家給人足民勇於公戰怯於私鬬鄉邑大治秦民初言令不便者有來言令便者衛

鞅曰此皆亂化之民也盡遷之於邊城其後民
莫敢議令於是以鞅爲大良造索隱曰即大上造也秦之第十六爵名也今云良造者或後變其名耳將兵圍魏安邑降之居三年作
爲築冀闕宮庭於咸陽索隱曰冀闕即魏闕也冀記也記列教令當於此門闕
秦自雍徙都之而令民父子兄弟同室內息者
爲禁而集小都鄉邑聚爲縣置令丞凡三十一
縣爲田開阡陌封疆正義曰南北曰阡東西曰陌按謂驛塍也疆音疆封聚土也疆界也謂界上封記也而賦稅平平斗桶鄭玄曰音勇今之斛也索隱曰音統量器名也○
權衡丈尺行之四年公子虔復犯約劓之居五
年秦人富彊天子致胙正義曰音左故反於孝公諸侯

畢賀其明年齊敗魏兵於馬陵虜其太子申殺
將軍龐涓其明年衞鞅說孝公曰秦之與魏譬
若人之有腹心疾非魏并秦秦即并魏何者魏
居嶺阸之西都安邑索隱曰蓋安邑之東山嶺險阸之地即今蒲州之中條已東連汾晉之嶮嶝是也阸阻也與秦界河而獨擅山東之利利則西侵
秦病則東收地今以君之賢聖國賴以盛而魏
往年大破於齊諸侯畔之可因此時伐魏魏不
支秦必東徙東徙秦據河山之固東鄉以制諸
侯此帝王之業也孝公以爲然使衞鞅將而伐
魏魏使公子卬將而擊之軍既相距衞鞅遺魏

將公子卬書曰吾始與公子驩今俱爲兩國將不忍相攻可與公子面相見盟樂飲而罷兵以安秦魏魏公子卬以爲然會盟已飲而衛鞅伏甲士而襲虜魏公子卬因攻其軍盡破之以歸秦魏惠王兵數破於齊秦國內空日以削恐乃使使割河西之地獻於秦以和而魏遂去安邑徙都大梁 索隱曰紀年曰梁惠王二十九年秦衛鞅伐梁西鄙則徙大梁在惠王之二十九年也○正義曰從蒲州安邑徙汴州浚儀也 梁惠王曰寡人恨不用公叔座之言也衛鞅既破魏還秦封之於商 徐廣曰弘農商縣也○索隱曰於商二縣名在弘農紀年云秦封商鞅在惠王三十年與此文亦同○正義曰於商在鄧州內鄉縣東七里古於邑也商洛縣在商州東八十九里本商邑周之商國按十五邑近此三邑 十五邑號爲商君商君相秦十年 索隱曰戰國策云孝公行商君法十八年而死與此文不同者按此直云相秦十年耳而戰國策乃云行商君法十八年蓋連其未作相之年說也 宗室貴戚多怨望者趙良見商君商君曰鞅之得見也從孟蘭皋 索隱曰孟蘭皋人姓名也言鞅前因蘭皋得與趙良相見也 今鞅請得交可乎趙良曰僕弗敢願也孔丘有言曰推賢而戴者進聚不肖而王者退僕不肖故不敢受命僕聞之曰非其位而居之曰貪位非其名而有之曰貪名僕聽君之義則恐僕貪位貪名也故不敢聞命商君曰子不說吾治秦與 索隱曰說音悅與音予 趙良曰反

聽之謂聰內視之謂明自勝之謂彊索隱曰謂守謙敬人自伏非是爲自勝若是者乃爲彊若爭名得勝此非彊之道虞舜有言曰自卑也尚矣君不若道虞舜之道無爲問僕矣商君曰始秦戎翟之教父子無別同室而居今我更制其教而爲其男女之別大築冀闕營如魯衛矣子觀我治秦也孰與五羖大夫賢趙良曰千羊之皮不如一狐之掖千人之諾諾不如一士之諤諤武王諤諤以昌殷紂墨墨以亡正義曰以殷紂比商君君若不非武王乎則僕請終日正言而無誅可乎商君曰語有之矣貌言華也至言實也苦言藥

也甘言疾也夫子果肯終日正言鞅之藥也鞅將事子子又何辭焉趙良曰夫五羖大夫荆之鄙人也正義曰百里奚南陽宛人屬楚故云荆聞秦繆公之賢而願望見行而無資自粥於秦客被褐食牛期年繆公知之舉之牛口之下而加之百姓之上秦國莫敢望焉相秦六七年而東伐鄭三置晉國之君索隱曰謂立晉惠公懷公文公也一救荆國之禍索隱曰十二諸侯年表穆公二十八年會晉救楚朝周此云救荆未詳發教封內而巴人致貢施德諸侯而八戎來服由余聞之款關請見韋昭曰款叩也五羖大夫之相秦也勞不坐乘暑不張蓋行於國中

不從車乘不操干戈功名藏於府庫德行施於
後世五羖大夫死秦國男女流涕正義音躰童子不
歌謠舂者不相杵鄭玄曰相謂送杵聲以音聲自勸也此五羖大夫
之德也今君之見秦王也因嬖人景監以爲主
非所以爲名也相秦不以百姓爲事而大築冀
闕非所以爲功也刑黥太子之師傅殘傷民以
駿刑是積怨畜禍也教之化民也深於命索隱曰劉
氏云教謂商鞅之令也命謂秦君之命也言人畏鞅甚於秦君民之効上也捷於令
索隱曰上謂商鞅之處分令謂秦君之教令今君又左建外易非所以爲
教也索隱曰左建謂以左道建立威權也外易謂在外革易君命也君又南面也稱
寡人日繩秦之貴公子詩曰相鼠有體人而無
禮人而無禮何不遄死以詩觀之非所以爲壽
也公子虔杜門不出已八年矣君又殺祝懽而
黥公孫賈詩曰得人者興失人者崩此數事者
非所以得人也君之出也後車十數從車載甲
多力而駢脅者爲驂乘持矛而操闟所及反戟者
徐廣曰一作奈盛盧之勁矛干將之雄戟○索隱曰闟亦作鈒同所及反鄒誕音吐臘反奈音遼盛音九勿反按盛盧干
將並古良匠造矛戟者名○正義曰顔野王云鋋鋋也方言云矛吴楊江淮南楚五湖之間謂之鋋其柄謂之矜釋名云戟
格也旁有格旁車而趨此一物不具君固不出書曰
恃德者昌恃力者亡索隱曰此是周書之言孔子所删之餘君之危

若朝露尚將欲延年益壽乎則何不歸十五都（索隱曰衞鞅所封商於二縣以爲國其中凡有十五都故趙良勸令歸之○正義曰公孫鞅封商於十五邑故云十五都）灌園於鄙勸秦王顯巖穴之士養老存孤敬父兄序有功尊有德可以少安君尚將貪商於之富寵秦國之教畜百姓之怨秦王一旦捐賓客而不立朝秦國之所以收君者豈其微哉（索隱曰謂鞅於秦无仁恩故秦國之所以將收錄鞅者其效甚明故云豈其微哉）亡可翹足而待商君弗從後五月而秦孝公卒太子立公子虔之徒告商君欲反發吏捕商君商君亡至關下欲舍客舍客人不知其是商君也曰商君之法舍

人無驗者坐之商君喟然歎曰嗟乎爲法之敝一至此哉去之魏魏人怨其欺公子卬而破魏師弗受商君欲之他國魏人曰商君秦之賊秦彊而賊入魏弗歸不可遂內秦商君既復入秦走商邑（索隱曰走音奏走向也）與其徒屬發邑兵北出擊鄭（徐廣曰京兆鄭縣也○索隱曰地理志京兆有鄭縣秦本紀云初縣杜鄭按其地是鄭桓公友之所封）秦發兵攻商君殺之於鄭黽池（徐廣曰黽或作彭○索隱曰鄭黽池者時黽池屬鄭故也而徐廣云黽或作彭者按鹽鐵論云商君困於彭池故也黽音亡忍反○正義曰黽池去鄭三百里蓋秦兵至鄭破商邑兵而商君東走至黽乃擒殺之）秦惠王車裂商君以徇曰莫如商鞅反者遂滅商君之家